MAIO DE 68
A BRECHA

20 anos depois

Cornelius CASTORIADIS

Claude LEFORT

Edgar MORIN

MAIO DE 68
A BRECHA

20 anos depois

Tradução de
Anderson Lima da Silva
Martha Coletto Costa

**2018
AUTONOMIA LITERÁRIA**

SUMÁRIO

PRÉ-ESCRITOS **8**

Advertência.. 10

Prefácio à edição brasileira Maio de 68: A Brecha
por Edgar Morin 11

Breve apresentação à edição brasileira
Por Marilena Chaui 18

Nota dos tradutores
Por Anderson Lima da Silva
e Martha Coletto Costa 23

PARTE 1 - A Brecha
Primeiras reflexões sobre os acontecimentos ... 30

I.I. A comuna estudantil
por Edgar Morin 32

I.II. A desordem nova
por Claude Lefort 57

I.III. Uma revolução sem rosto
por Edgar Morin 86

I.IV. A revolução antecipada
por Cornelius Castoriadis............................. 113

PARTE 2 Vinte Anos Depois..........................**174**

II.I. Ma(io)s (1978)
por Edgar Morin 176

II.II. Maio de 68: complexidade e ambiguidade (1986)
por Edgar Morin 216

II.III. Os movimentos dos Anos Sessenta (1986)
Por Cornelius Castoriadis..........................230

II.IV. Releitura (1988)
por Claude Lefort 245

PÓS-ESCRITOS..........................**262**

Ensaio crítico
1968: Paris toma a palavra
Por Olgária Matos 264

Posfácio
Maio 68: signo histórico
Por Irene Cardoso..........................275

SOBRE OS AUTORES..........................**286**

PRÉ-ESCRITOS

Advertência

Maio de 68: A Brecha. Primeiras reflexões sobre os acontecimentos foi publicado pela editora Fayard em julho de 1968. Em 1988, a Ed. Complexe acrescentava a esta edição um primeiro balanço dos acontecimentos pelos mesmos Edgar Morin, Cornelius Castoriadis e Claude Lefort, com o título *Mai 68: La brèche – suivi de Vingt ans après*. Em 2008, a Fayard reproduz esta edição, incorporando portanto aos ensaios de 1968 aqueles elaborados "vinte anos depois". Esta derradeira publicação serve de base à presente edição brasileira

Os textos de *A Brecha* foram redigidos no calor dos acontecimentos, entre 15 de maio e 10 de junho de 1968. Os de Edgar Morin apareceram em edições do *Le Monde* de 17 a 21 de maio, "A comuna estudantil" e, em seguida, entre fins de maio e início de junho, "Uma revolução sem rosto".

A primeira parte do texto de Cornelius Castoriadis havia sido mimeografada e difundida entre os dias 20 e 30 de maio, a segunda foi redigida para sua publicação em *A Brecha*. O texto de Claude Lefort foi integralmente redigido para *A Brecha*.

Edgar Morin publicou "Ma(io)s" no *Le monde* em maio de 1978, e "Maio de 68: complexidade e ambiguidade" na revista *Pouvoirs* n. 39 (1986). Nesse mesmo número de *Pouvoirs* foi publicado o texto de Cornelius Castoriadis "Os movimentos dos anos sessenta". O texto de Claude Lefort, "Releitura", foi redigido para a edição de 1988.

Prefácio à edição brasileira
Maio de 68: A Brecha
por Edgar Morin

Começarei pela pré-história. Depois de 1963, tendo tomado conhecimento do movimento estudantil de Berkeley (Califórnia) em 1964, eu me interessei pelo que designei à época como constituição de uma classe etária adolescente, que tinha sua autonomia própria entre o casulo da infância e a integração ao mundo adulto. Uma classe etária com seus uniformes, seus códigos, sua música, seus ritos, etc. Em 1968, antes de maio, eu estava impressionado com o surgimento de revoltas estudantis não apenas nos Estados Unidos, mas também no Egito, na Polônia, nos países ocidentais. Proferi uma conferência em Milão sobre o caráter internacional das revoltas estudantis: perguntava-me como era possível que, em sistemas políticos e sociais tão diferentes quanto a democracia popular, a ditadura egípcia ou a democracia dos países ocidentais, houvesse o mesmo tipo de movimento de protesto. O denominador comum é que essas revoltas se erguiam contra a autoridade em diferentes sistemas.

Em março de 1968, Henri Lefebvre, que era professor em Nanterre, me pede para substituí-lo durante sua viagem à China. Chego a Nanterre, onde vejo carros de polícia partindo dali e um ruivozinho agitado que grita em todas as direções. Eu ainda não sabia que se tratava do amigo Dany Cohn-Bendit. Entro no meu papel e assumo o curso de Lefebvre. Naquele momento, um pequeno grupo de *enragés* diz: "Nada de curso, nada de curso." Proponho uma votação: "Se vocês quiserem curso, eu dou, se não quiserem, não dou." Enorme maioria favorável ao curso; alguns agitados me apontam o dedo: "Morin milico." Eles cortam a eletricidade. Eu não dou o curso.

Tomo conhecimento do Movimento do 22 de Março[1] e dos motivos que o suscitaram. Eu me dizia que aquilo realmente fervilhava e que alguma coisa estava prestes a acontecer.

Meu jovem amigo e colaborador, Bernard Paillard, acompanhava tudo de dentro e me avisa que uma parte do movimento de Nanterre havia migrado a Jussieu. No começo de maio, vou então a Jussieu, onde todas as salas estão ocupadas por grupos de estudantes. Vou ao encontro de Lefort e Castoriadis e digo a eles que venham ver. Estamos bem no começo do mês de maio. De repente, nosso trio está ligado ao acontecimento e, graças à presença constante de Bernard Paillard, acompanho todo o caso e, muitas vezes, eu mesmo vou à Sorbonne ocupada.

Publico então uma primeira série de artigos no *Le Monde*, com o título "A comuna estudantil". Sou o único a poder explicar esse movimento: nem os acadêmicos, nem os jornalistas tinham a menor antena lá dentro. Esses artigos foram retomados em *A Brecha*.

Acompanho os acontecimentos e as peripécias e, no fim de maio, publico outra série de artigos: "Uma revolução sem rosto". Lefort e Castoriadis, por sua vez, redigem um texto cada um. Havia diferenças com Lefort e Castoriadis, mas no fundo estávamos em sintonia. Diferentemente dos trotskistas, maoístas, etc., que pensavam que uma revolução começaria, para

---

[1] Nota de Edição.: Movimento estudantil francês de caráter antiautoritário e de inspiração libertária, fundado na noite de sexta-feira 22 de março de 1968 na faculdade de Nanterre. Reúne anarquistas, situacionistas, trotskistas e futuros maoístas-espontaneístas. Daniel Cohn-Bendit é a personalidade mais midiatizada do movimento.

nós, tratava-se de uma brecha. Algo que seria uma brecha sob a linha d'água da civilização burguesa ocidental, e não a revolução. A única diferença consistiu num ponto: Lefort desejava que dedicássemos o livro aos *enragés*[2]. Eu não queria, mas finalmente cedi. Quando ele pensava nos *enragés*, era numa parte dos jovens do Movimento do 22 de Março. Cada um de nós três disse coisas diferentes, mas éramos complementares e sabíamos que não era o início da revolução.

O que mostrei nos meus artigos foi que, diferentemente de outros países onde o movimento permaneceu estritamente universitário, na França ele transbordou sobre uma parte da juventude operária e secundarista. Sobretudo a duração e a intensidade do movimento acabaram por impulsionar os sindicatos, reticentes de início, mas que finalmente se lançaram nessa brecha, para arrancar do governo concessões fundamentais. Uma vez obtidas tais concessões, eles acalmaram as coisas.

Houve desfiles imponentes. Era um movimento que demonstrava finalmente o vazio daquela civilização que se queria triunfante, que acreditava caminhar para uma harmonia. O Raymond Aron da época, aquele que se enganou, via na sociedade industrial a atenuação fundamental de todos os grandes problemas. Antes mesmo da crise econômica de 1973, Maio de 68 revelou uma crise espiritual profunda da juventude.

As aspirações profundas da adolescência em relação àquele mundo de adultos eram: mais autonomia, mais liberdade, mais comunidade. Os trotskistas e os maoístas disseram: "Nós podemos realizar essas aspirações". Houve uma transferência

---

[2] Nota de Tradução.: em tradução literal "enraivados", embora se possa dizer mais coloquialmente "exaltados": no entanto, por conta de seu significado histórico bem específico e determinado, esta tradução optou por manter o termo original em francês – a exemplo do que ocorre com os *sans-coulottes* da Revolução Francesa.

de fé: no começo era a revolta, o comunismo libertário, depois o movimento foi capturado pelo trotskismo e pelo maoísmo com a promessa de realizar as aspirações juvenis por meio da revolução. Para mim, a base do movimento era supra e infrapolítica. É por isso que o Movimento do 22 de Março e Dany Cohn-Bendit permanecem símbolos muito fortes. Todavia, pode-se dizer que a política [clássica] se infiltrou através do maoísmo e do trotskismo e perverteu o movimento.

No ano universitário que se seguiu (1968-1969), consagrei meu seminário na EHESS às interpretações das interpretações do Maio de 68. Havia aqueles que diziam: "eu sempre o previ" – mesmo que nunca tivessem previsto nada. Havia diferentes interpretações que eu passava sob o crivo da reflexão. O que me interessava era refletir nas entrelinhas.

Para o décimo aniversário, fiz novamente um artigo para o *Le Monde*. Em 1978 o acontecimento ainda me parecia considerável. Por um lado, tudo havia mudado, mas, por outro, nada havia mudado. Toda uma série de tendências neolibertárias saiu desse acontecimento. O feminismo não estava presente em Maio de 68, mas saiu daí, assim como o movimento dos homossexuais. Houve mudanças de costumes, embora nada mudasse na sociedade.

Conduzi com Nicole Lapierre e algumas outras pessoas um questionário, publicado num livro que se chamava estupidamente *La Femme Majeure – nouvelle féminité, nouveau féminisme*[3]. O estudo era interessante. Antes de Maio, a imprensa dizia: "cozinhe bem para o seu marido, seja bela, etc." A partir de Maio, a problematização substitui a euforização. Essa imprensa começa a falar das dificuldades da vida: o envelhecimento, o marido que

---

[3] N. de T.: Em tradução livre "A Mulher Maior: nova feminidade, novo feminismo". Não há tradução deste livro em português.

tem uma amante, os filhos que vão embora. Essa problematização começa a ganhar numerosos setores da sociedade.

Em outra vertente, na sequência de 1968, alguns tiveram uma tentação "terrorista", mas, diferentemente da Alemanha e da Itália, na França ela foi abortada ou mínima, talvez sob a influência de tutores como Jean-Paul Sartre. Houve, em vez disso, imersões na fábrica como aquela de Lip e outras; houve embarques para uma outra vida, rural e comunitária, com criação de cabras. Isso continuou no Larzac e em outros lugares, mas a maioria retornou com o colapso das esperanças revolucionárias.

Na realidade, no correr dos anos 1970 há o desmoronamento de um marxismo sumário que tudo explicava pela luta de classes. Por que esse colapso? Porque, ao mesmo tempo, ocorreu a dessacralização do maoísmo com o episódio da Camarilha dos Quatro, a difusão da mensagem dos dissidentes na França – especialmente de Solzhenitsin –, o fato que o heroico Vietnãzinho tenha se tornado o conquistador do Camboja, que, por sua vez, realizou um autogenocídio com Pol Pot. E a mesma coisa com Cuba, que começa a ser vista não mais como um pequeno paraíso. A desilusão, a perda de uma esperança – quer seja chinesa, soviética ou cubana –, fez com que o marxismo fosse desencantado. A chave mestra, que tornava tudo compreensível, vira palavreado enfadonho.

No aniversário de 1968, o acontecimento começa a se atenuar. Entre as interpretações de Maio de 68 apareceu a de Régis Debray[4], cuja força se explicava principalmente pela sua prisão na Bolívia à época. Ele afirma que "Maio de 68 é mais o triun-

---

[4] N. de T.: Trata-se do livro *Modeste Contribution aux Discours et Cérémonies Officielles du Dixième Anniversaire*. Paris: La découverte, 1978. Em tradução livre "Modesta Contribuição aos Discursos e Cerimônias Oficiais do Décimo Aniversário".

fo da sociedade de consumo do que sua contestação". A parte verdadeira é que, realmente, um grande número de líderes das organizações revolucionárias, tendo perdido toda esperança, realizaram uma conversão total e foram levados à aceitação da sociedade tal como ela é. Muitos se acharam inseridos no mundo da *intelligentsia*. Muitos dos antigos trotskistas se aburguesaram.

Nada disso impediu que ocorressem ainda grandes greves – como em 1995 – ou revoltas estudantis, notadamente contra a Lei Devaquet[5]. Mas nenhuma teve a característica simbólica e mitológica de Maio de 68. Existe uma tradição de revoltas estudantis, mas nada jamais se comparou a 1968. Hoje, Maio de 68 sai do imaginário e se torna história, mas há o prosseguimento de uma polêmica surda entre aqueles que continuam a pensar que Maio de 68 não tem nada de revolucionário e permitiu a adaptação à nossa sociedade e, também, aqueles que pensam que Maio de 68 teve uma importância libertária nos costumes, dentre os últimos eu me incluo.

Em 2018, falar de Maio de 68 é evocar tempos muito distantes. O que permanece vivo, em primeiro lugar, são lembranças muito fortes. Algumas presenças naquela Sorbonne ocupada, transformada. Para mim, a primeira semana de Maio foi admirável. A tetanização do Estado fazia com que todo mundo se falasse na rua. Os consultórios de psicanalistas se esvaziavam bruscamente, todas as pessoas que sofriam de males estomacais se sentiam melhor. Assim que as coisas voltaram ao normal, tudo isso reapareceu.

---

[5] Projeto de lei para reformar as universidades francesas, apresentado em 1986 por Alain Devaquet, durante o mandato presidencial de François Mitterrand. A reforma previa mudanças no regime de seleção dos alunos pelas universidades e o acirramento da concorrência entre as instituições de ensino superior. Tendo suscitado muitas críticas e provocado manifestações massivas, o projeto de reforma foi derrotado no mesmo ano graças à pressão popular.

Essa primeira semana foi um tanto parecida com a minha adolescência em junho de 1936, quando todos se falavam. Tenho lembranças maravilhosas dessa Sorbonne em festa, da realização de um acontecimento impossível. Lembranças dessa guerra civil sem morte – exceto em Flins[6] –, desse jogo sério no qual se representava a revolução, mas sem o risco de morte, apesar da violência dos confrontos. Logo, nada de amargura. Maio de 68 encarnou profundas aspirações, nutridas, sobretudo, pela juventude estudantil. Aspirações que os jovens sentem e das quais se esquecem quando são domesticados à vida que os integra ao mundo. Aspirações de mais liberdade, autonomia, fraternidade, comunidade. Totalmente libertário, mas sempre com a ideia fraternal onipresente. Os jovens combinaram essa dupla aspiração antropológica que brotou em diferentes momentos da história humana. Creio que a importância histórica de Maio de 68 é grande por tê-la revelado. Maio de 68 é da ordem de uma renovação dessa aspiração humana que reaparece de tempos em tempos e que ainda reaparecerá sob outras formas.

---

[6] Referência às circunstâncias da morte do secundarista Gilles Tautin, ocorrida em junho de 1968. Tendo inicialmente se concentrado no *Quartier Latin*, os confrontos dos estudantes com a polícia se deslocam para as regiões de concentração operária. No começo de junho de 1968, estudantes maoístas e parte do Movimento do 22 de Março organizam uma marcha na região de Flins em apoio à greve dos trabalhadores da fábrica da Renault. No dia 10 de junho, perto de Meulan, um grupo de jovens maoístas, dentre os quais Gilles Tautin, vê-se encurralado pela proximidade de guardas e decide fugir atravessando o Sena a nado. Sendo levado por uma corrente, Gilles Tautin morre nessa tentativa de travessia.

Breve apresentação à Edição Brasileira
Por Marilena Chaui[7]

1968 é um ano emblemático. Maio, na França, um mês simbólico. Ano emblemático porque recolhe numa unidade de sentido o que se passou antes dele – no correr dos anos 1960 – e do que viria a acontecer depois dele – no correr dos anos 1970. Primavera de Praga contra o totalitarismo soviético; movimento estudantil de Berkeley contra a Guerra do Vietnã; criação da universidade crítica na USP, abrindo uma experiência que se espalha para várias universidades brasileiras em luta contra a ditadura e o autoritarismo acadêmico; movimento estudantil na França contra o servilismo das ciências sociais, curvadas às imposições da sociedade industrial capitalista, e o sombrio futuro dos estudantes nessa sociedade; início da guerrilha revolucionária nos países da América do Sul com a palavra de ordem de Che Guevara ("um, dois... muitos Vietnãs"); desenvolvimento do feminismo e do movimento ecológico, nos Estados Unidos; em toda parte, movimentos de luta pela liberação da sexualidade contra a repressão consolidada pela moral vitoriana; nascimento da música de protesto e da contracultura como expressão de todos esses movimentos e lutas – no Brasil, "sem lenço e sem documento", canta-se que "nada será como antes", "apesar de você".

---

[7] Marilena de Souza Chaui é professora emérita da Faculdade de Filosofia, Letras e Ciências Humanas da Universidade de São Paulo (FFLCH-USP). Filósofa, é autora de livros como a *Nervura do Real: Imanência e liberdade em Espinosa* (São Paulo: Companhia das Letras), *Convite à Filosofia* (São Paulo: FTD) dentre outras obras consagradas.

Mês simbólico porque a rebelião estudantil francesa não se confina ao ambiente universitário, mas ocupa as ruas, onde inventa uma nova sociabilidade tirando do isolamento os habitantes das cidades, pratica a guerrilha construindo barricadas para enfrentar as forças policiais, espalha-se pelas fábricas que, passando da solidariedade aos estudantes à presença política própria, deflagram uma greve geral, pondo em questão os partidos de esquerda tradicionais – sempre desejosos de tomar o poder – e ameaçando a queda do bastião da república francesa, o presidente De Gaulle.

Os textos reunidos neste livro manifestam o espanto diante dos acontecimentos, a esperança de uma mudança social e política sem precedentes na Europa e o trabalho da interrogação do novo.

São textos duplamente heterogêneos: em primeiro lugar, porque se situam historicamente em dois momentos distintos – escritos no calor da hora e vinte anos depois; em segundo, porque se oferecem como interpretações cujo centro varia – a ênfase de Morin e Lefort recai sobre a juventude estudantil, enquanto a de Castoriadis se debruça sobre a participação proletária nos acontecimentos – e cuja interrogação propõe, para Morin e Castoriadis, a questão da revolução, enquanto Lefort a descarta de imediato.

Todavia, tanto nos textos da primeira hora quanto nos dos anos 1980, é possível encontrar um ponto de convergência: Maio de 68 demoliu a imagem comunista da revolução, não somente porque o sujeito político não foi a classe operária guiada pela vanguarda do partido (não sendo casual que os vários partidos – leninistas, trotskistas, maoístas – ocupassem a cena política somente com o fim do movimento estudantil), mas também porque a rebelião estudantil não pretendeu a tomada do poder, porém se ergueu contra todas as formas de poder e autoridade, abrindo uma brecha no tecido cerrado da sociedade e da Universidade francesas.

Nos textos tardios, além do acerto de contas com os primeiros escritos e do exame crítico da avalanche de interpretações que inundou a França (e a Europa), vale a pena assinalar dois aspectos. No caso de Morin e Castoriadis, o olhar se volta para o panorama amplo dos anos 1960 para nele inserir o maio francês, isto é, o surgimento dos movimentos sociais dos direitos civis (dos negros nos Estados Unidos), do feminismo, da ecologia, da liberação sexual e, do lado da juventude, o surgimento da contracultura. No caso de Lefort, a introdução da idéia de *desordem* permite compreender não apenas o Maio francês, mas também os movimentos sociais como expressões da democracia, isto é, como conflito legítimo e contestação permanente dos poderes e das instituições no interior da sociedade.

E nós, aqui.

Vem, vamos embora,
que esperar não é saber.
Quem sabe faz a hora
Não espera acontecer.

Geraldo Vandré

Começavam os Anos Sessenta. No Rio, eram os tempos do ISEB[8]. Na Faculdade de Filosofia, Ciências e Letras da USP, os sociólogos explicavam a diferença conceitual e política entre as expressões "país atrasado" e "país subdesenvolvido" (ainda não chegara o momento do "país em vias de desenvolvimento" nem

---

[8] Instituto Superior de Estudos Brasileiros, dirigido por Álvaro Vieira Pinto e Hélio Jaguaribe, com a finalidade de oferecer ao governo de Juscelino Kubitschek um programa nacional-desenvolvimentista.

do "país dependente"). "Desenvolvimento desigual e combinado" era uma noção que ainda não chegara, mas estava quase chegando. Debatia-se "o projeto" para o país. Falava-se em revolução democrático-burguesa, em nacionalismo. A revolução se faz por etapas? É aceitável a aliança de classes? Há ou não um pensamento brasileiro? É preciso criá-lo, se não existir. Qual é o caráter nacional brasileiro? Quem é o povo no Brasil?

Na Biblioteca Municipal de São Paulo, o grupo dos Desajustados da Vida, *beatniks* existencialistas, sentenciava: "Deus está morto. Vimos seu enterro oficiado por Sartre que o lançou ao Sena." No final da década, numa exposição do II Exército, no saguão dos Diários Associados, um cartaz avisa: *Sartre e Marcuse conduzem ao vício.*

Abril de 64: golpe de Estado. Início da ditadura.

Abril de 68: o Conselho Federal de Educação propõe o início da reforma universitária em conformidade com as ordens do Acordo MEC-USAID. "Abaixo a ditadura!/Viva a liberdade!/ Fora, fora MEC-USAID", replicam os estudantes. Ocupando as universidades e as ruas das principais cidades do país, os estudantes bradam: "Fora com a universidade elitista e de classe! Pela universidade crítica, livre e aberta!".

Maio de 68: em fala à nação, o Marechal Castelo Branco anuncia: "O governo chegou à conclusão de que a agitação estudantil que se observa neste momento tem inspiração comunista e alcance subversivo e vai agir em conseqüência." Em atendimento à fala presidencial, o MEC propõe que o governo proíba os grêmios estudantis existentes e ajude a organizar os estudantes da "maioria democrática" em diretórios que neutralizem a ação nefasta da "minoria esquerdista e instruída" que domina a UNE e as uniões de estudantes secundaristas.

Como resposta, fervilha a universidade crítica: seminários, mesas-redondas, conferências, cursos, grupos de trabalho analisam *O Capital* e os caminhos abertos pela guerrilha urbana e no campo. "Virgindade dá câncer", pipocam os muros pichados pelas ruas. Pensar e viver, subitamente reconciliados numa ética libertária, fazem da universidade um espaço livre para uma experiência sem precedentes: suas paredes se tornam vitrais, ganham transparência para receber a luz vinda de longe e emitir lampejos do que imaginava ir além do possível, cumprindo a marcha do tempo: "Sejamos realistas: peçamos o impossível."

Setembro de 68. Sexta-Feira Sangrenta: vinte e oito estudantes mortos na batalha da UNE. Enlutada, caminha a Passeata dos 100 Mil. Choram estudantes e professores, no Rio. E no Brasil.

Outubro de 68. Domingo, dia 3: em São Paulo, isolada por guarnições militares, que ocupam suas duas pontas, a Rua Maria Antônia está inundada de sol e pelos acordes da *Internacional* lançados pela Faculdade de Filosofia, Ciências e Letras da USP.

Ruído de carros pesados, cães a latir, estrépito de botas no calçamento, sirenes, gritos, palavras de ordem, comandos.

— *Estão vindo! O Exército e a polícia estão chegando!*

— *Olhem, olhem! Estão subindo na torre e nos telhados do Mackenzie! Vão metralhar. Vão metralhar!*

— *Estão jogando bombas.*

— *Tem um morto! Tem um morto!*

— *Mataram um estudante!*

— *Fogo, fogo! A Faculdade pegou fogo! Todo mundo tem que sair. Não pode haver mais mortos.*

Dezembro de 68. Sexta-feira, 13:
Promulgado o Ato Institucional nº 5.

Nota dos tradutores
Por Anderson Lima da Silva[9]
e Martha Coletto Costa[10]

A presente edição é fruto de uma ideia originalmente modesta: em meados de 2017, cogitamos pela primeira vez traduzir e publicar em revistas acadêmicas um ou outro dos ensaios que compõem o livro *A Brecha*. O que nos moveu, desde o início, não foi a mera urgência imposta pelo calendário "comemorativo" dos 50 anos dos "acontecimentos". Mais do que isso, julgamos necessário agir prontamente diante da seguinte constatação: os escritos que ali se faziam livro jamais haviam recebido uma tradução integral em língua portuguesa, embora há algum tempo forneçam uma referência privilegiada a toda uma geração de intérpretes brasileiros que, sob sua inspiração, empenham-se em compreender o Maio francês em sua inscrição histórica particular, mas sem deixar de atentar às suas repercussões práticas e teóricas, às suas semelhanças e diferenças

---

[9] Anderson Aparecido Lima da Silva é formado em Filosofia pela Faculdade de Filosofia, Letras e Ciências Humanas da Universidade de São Paulo (FFLCH-USP) em 2010. Tem mestrado em Filosofia pela USP (2013), tendo se dedicado ao estudo da noção de sujeito moderno com enfoque nas relações entre ética e política a partir dos trabalhos de Michel Foucault. Atualmente, é doutorando em filosofia pela USP.

[10] Martha Gabrielly Coletto Costa é formada em Filosofia pela Faculdade de Filosofia, Letras e Ciências Humanas da Universidade de São Paulo (FFLCH-USP) em 2011. Tem mestrado em Filosofia pela USP (2015) sobre a crítica à ideologia e os novos modos de dominação segundo Claude Lefort e Pierre Bourdieu. Atualmente no doutorado, estuda a natureza da democracia moderna com base no pensamento de Claude Lefort

com outros movimentos mundo afora, inclusive com a história do Brasil no mesmo período.

Com isso em vista, concebemos o projeto de tradução de *A Brecha* com o intuito de favorecer seu acesso a um público mais amplo, procurando assim contribuir para o aprofundamento e pluralidade dos debates em torno de "Maio de 68" ao evidenciar a originalidade destes escritos de Edgar Morin, Claude Lefort e Cornelius Castoriadis. Originalidade que se vincula igualmente à partilha de uma experiência intelectual preciosa: os autores aqui reunidos assumiram os riscos próprios da elaboração de um diagnóstico do presente ao se deixarem tocar pelo "espanto" diante de um acontecimento que, em sua inesperada irrupção, deu vazão a um novo e imponderável campo dos possíveis, trazendo consigo novas formas de ação e subjetividade políticas. Com este gesto, tanto quanto em sua retomada e atualização crítica, insinua-se a *questão* da (re)abertura do tempo histórico, isto é, da possibilidade de criação e transformação das formas de vida e coexistência. 10, 20 ou 50 anos depois, ainda parece ser este o desafio em forma de convite lançado ao leitor.

Sob a pena dos três pensadores, esta postura complexa assumiu formas, recursos, estilos e tônicas próprios a cada um deles. A presente edição seguiu o princípio de respeitar estes traços singulares, vertendo-os da forma a mais literal possível. Com este fito, adotamos a dinâmica de um trabalho de tradução genuinamente colaborativo, isto é, elaborado, discutido e revisado a quatro mãos. Somou-se a este *ethos* de parceria o apoio da **Autonomia Literária**, que desde o primeiro momento acolheu com entusiasmo este projeto editorial e nos concedeu plena liberdade de participação em todas as etapas que levaram à consecução do livro.

Cabe, por fim, um breve esclarecimento a respeito do profuso campo semântico que envolve o termo escolhido pelos autores como título às suas "primeiras reflexões sobre os acontecimentos":

Brecha (*brèche*)[11]:

1. Abertura, fenda acidental ou voluntária feita num muro, numa cerca, num obstáculo artificial ou natural. *A brecha de um dique, de uma sebe, de um muro.*

⤷ Geografia: depressão, desfiladeiro numa cadeia de montanhas, num pico rochoso, normalmente utilizado como passagem.

⤷ Técnica militar: abertura feita numa muralha, numa fortificação por aqueles que a assediam. *Fazer, abrir uma brecha; colmatar, preencher, refazer, reparar uma brecha; combater, subir na brecha.*

⤷ Por referência à atitude ofensiva de agressores:

* *Être (toujours) sur la brèche* [Estar (sempre) na brecha]. Estar em pleno combate, pronto para atacar ou defender; *no figurativo*, ter uma atividade contínua, *por extensão*, estar sempre em atividade.

* *Battre en brèche* [Atacar, contestar, abalar, destruir]. Atacar de maneira a abrir uma brecha; *no figurativo*, atacar violentamente e sistematicamente (uma pessoa, suas ideias, uma doutrina, etc.);

---

[11] Selecionamos algumas das principais acepções da palavra *brèche* segundo o dicionário do Centre National de Ressources Textuelles et Lexicales (CNRTL) [Centro Nacional de Recursos Textuais e Léxicos], disponível em http://www.cnrtl.fr/definition/br%C3%A8che.

* *Faire brèche dans quelque chose.* [Abrir uma brecha em alguma coisa]. Desferir um golpe, abrir uma brecha; *no figurativo*, enfraquecer, abalar (a posição, as convicções de uma pessoa);
   * *Mourir sur la brèche* [Morrer na brecha]. Morrer no momento mais intenso da luta; *no figurativo*, morrer em plena atividade.

PARTE 1 - A Brecha
Primeiras reflexões sobre os acontecimentos

I.I.
A comuna estudantil
por Edgar Morin

O *Maelstrom*[12] estudantil tem origens ao mesmo tempo gigantescas e minúsculas. A parte gigantesca é a grande rebelião estudantil que rebenta desde o começo de 1968, em países tão diferentes como Polônia, Tchecoslováquia, Alemanha, Itália, Espanha, Inglaterra, Estados Unidos, e que, por mais distintas que sejam suas ramificações, corresponde a uma certa internacionalidade. A parte minúscula são os pequenos núcleos revolucionários, no estranho *campus* de Nanterre-La Folie, que desencadeiam um movimento cujo desenrolar em cadeia vai se expandir de 6 a 13 de maio numa prodigiosa comuna estudantil.

Dois tipos de interpretação se esforçam para compreender a crise atual. Uma, preferida pelos círculos oficiais da administração e da Universidade, quer encontrar a causa do mal-estar estudantil no arcaísmo semifeudal da sociedade professoral, na vetustez e no atraso da Universidade frente às demandas, na inadequação do ensino frente às perspectivas profissionais e à sua utilidade.

---

[12] N. de T.: Palavra de origem holandesa que significa, ao pé da letra, corrente [de água] moinho, o que corresponde, grosso modo, à "redemoinho/rodamoinho de água" na língua portuguesa, aparecendo dessa forma, como estrangeirismo, no original em francês, o que indica uma conotação especial, não apenas metafórica como também literária: um turbilhão assombroso – por essa razão, foi conservado dessa forma por esta tradução.

O mal da Universidade estaria na sua inadaptação à vida e ao mundo modernos e o remédio seria a adaptação, isto é, uma reforma modernizadora que liquidasse seus arcaísmos e ampliasse seus recursos quanto a professores, espaços, materiais, renovando seus métodos e oferecendo aos estudantes *campi* abertos, liberais (em correspondência à evolução dos costumes), saudáveis e oportunidades profissionais asseguradas.

Uma outra interpretação, ao contrário, enfatiza não a vontade dos estudantes de adaptar a Universidade à vida moderna, mas a sua recusa da vida burguesa considerada como mesquinha, medíocre, reprimida, opressiva; sublinha não a busca de uma carreira, mas o desprezo pelas carreiras de quadros técnicos que os esperam; não acentua a sua vontade de se integrar o mais rápido possível na vida adulta, mas a contestação global de uma sociedade adulterada. Essa interpretação ressalta que grandes universidades, muito "funcionais" e adaptadas à modernidade, como Berkeley e Columbia, foram sedes de revoltas virulentas.

No que diz respeito ao cadinho de fermentação parisiense, Paris-Nanterre, e notadamente ao meio dos estudantes de ciências humanas, parece que o primeiro elemento detonador deriva da conjunção de dois fatores contraditórios: *uma inadaptação demasiado grande entre a produção crescente de diplomas e a raridade de oportunidades, mas também uma adaptação demasiado grande das ciências humanas – e particularmente a sociologia – a uma sociedade na qual elas se tornam auxiliares do poder.*

São dois os tipos de estudantes que vão para a sociologia. Uns são os herdeiros de uma tradição, interrompida por volta de 1950 com a proliferação dos questionários, que vai para a sociologia não para servir à sociedade, mas para dominá-la, conhecê-la para transformá-la; são jovens revolucionários que querem, não uma carreira, mas um método e um saber. Os outros são atraídos por uma disciplina "na moda" que parece vivaz quando comparada com a filosofia, demasiado abstrata, e com a história, demasiado velha. Uns e outros perderão suas ilusões. Os revolucionários identificam o saber que lhe é oferecido com a profissão na qual ele desemboca, isto é, o ofício de *expert*-burocrata a serviço dos poderes, e querem escapar à máquina institucional que fará deles ínfimos técnicos do "fator humano", aplicadores de questionários. Os outros descobrem rapidamente que não há oportunidades profissionais em sociologia, senão aquelas que o acaso, a sorte, o patrocínio de um suserano possa proporcionar. A inquietação por se verem num beco sem saída torna-se o fermento de uma crítica.

A recusa da carreira por uns, a preocupação com a carreira de outros, longe de se anularem mutuamente, vão constituir os dois polos de uma primeira eletrólise. Os estudos de sociologia-ciências humanas tornam-se o setor de perturbação, de agitação, em que uns e outros vão se descobrir marginais e desempenhar, portanto, o papel de agitação – de fermentação – dos marginais. Os estudantes de Sociologia partem em busca da sociologia crítica e descobrem a sociologia revolucionária, isto é, Marx, mediante correntes heterodoxas e por vezes ultraortodoxas (Althusser) do marxismo.

A fermentação

As correntes críticas da Sociologia e as correntes dissidentes do marxismo confluem na política. Por isso, o meio da Sociologia torna-se um foco ativo de politização. As ideias-padrão revolucionárias chegam pelas ramificações de "grupúsculos" (*groupuscules*) que, desde a dessacralização e o ajuizamento (*assagissement*) do comunismo stalinista (1956-1958), podem fixar-se e propagar-se no terreno universitário. As duas principais correntes do trotskismo francês saem a partir de então dos infernos, e já não suscitam náuseas horrorizadas; os "marxistas leninistas", esclarecidos pelo pensamento do presidente Mao, fazem um trabalho hercúleo dedicado à "produtividade teórica"; é o momento do renascimento intelectual do anarquismo, perfumado de marxismo libertário e de situacionismo (corrente cuja carreira tempestuosa e injuriosa não deve fazer esquecer que ela foi a única a prolongar o surrealismo com algumas intuições novas); jovens cristãos se radicalizam e se inflamam. Tudo isso se agita, se combate, se fecunda mutuamente.

Anarquistas e situacionistas têm tendência a insistir na necessidade libertária *hic et nunc*, na necessária revolta no seio da Universidade e contra a Universidade; os trotskizantes e maoizantes têm antes o olhar voltado às lonjuras da China, Cuba, América Latina, Vietnã; eles se empolgam com a revolução do "terceiro mundo". Os maoístas, além disso, querem se afastar ostensivamente da universidade burguesa e oferecer seus serviços às massas operárias nas fábricas. No entanto, a despeito e através de inúmeros conflitos entre grupúsculos, ocorre uma osmose entre a exigência existencial libertária de uns e a politização planetária dos outros. Para uns e para outros se afirma a ideia de que a Universidade é ao mesmo tempo o mais forte bastião da sociedade burguesa (que nela forma os seus quadros) e seu elo mais fraco, porque nela os estudantes são maioria e aí podem propagar o espírito de revolução. Seja para infligir os maiores golpes a esta cidadela da burguesia ou, pelo contrário, para transformá-la de cima a baixo, é preciso agir *na* e *contra* a estrutura universitária.

As revoltas estudantis no mundo, as ocupações de universidades italianas, a universidade crítica berlinense, tudo isso encoraja a minoria revolucionária a lutar para revolucionar a Universidade. Aumenta sua audiência, mas o que opera a verdadeira comunicação com as amplas massas estudantis é a obstinação das autoridades em manter proibições antiquadas (segregação alunos-alunas nas residências estudantis, exclusão absolutamente teórica da política no ambiente universitário), as semiconcessões sempre tardias e arrancadas, as inconsistentes tentativas de isolar, ou mesmo de eliminar, os "líderes" (*meneurs*), a incompreensão de uma agitação reduzida a "agitadores" e de perturbações reduzidas a "perturbadores". O kerenskismo[13] dos poderes universitários permite aos grupúsculos agitar algumas centenas de estudantes e radicalizar a crítica da Universidade. Mas, ao mesmo tempo, os eflúvios planetários penetram cada vez mais poderosamente o mundo estudantil e excitam à luta contra a hidra de três cabeças (imperialismo, capitalismo, fascismo), ou mesmo quatro (stalinismo). Mais ainda, as revoltas estudantis no Leste e no Oeste dão curso a amplos eflúvios de internacionalidade, que as diástases militantes buscam transformar em internacionalismo; as manifestações contra a guerra no Vietnã se radicalizam de mais a mais em manifestações pela "vitória do povo vietnamita"; finalmente, a intervenção destrutiva de comandos sul-vietnamitas do grupo

---

[13] N. de E.: Referência a Aleksandr Kerensky (1881-1970), chefe do governo provisório russo instaurado após a Revolução de Fevereiro de 1917. Socialista moderado, Kerensky era tido como débil pelos bolcheviques e, ainda, não conseguiu responder às urgentes demandas populares. Foi derrubado, depois de pouco mais de três meses de governo, na esteira dos acontecimentos da Revolução de Outubro. Morreu idoso no exílio nos Estados Unidos, execrado por uns como traidor do czarismo e tido como fraco pelos revolucionários, isso faz com que kerenskismo tenha uma conotação imediatamente negativa decorrente, sobretudo, da visão que os comunistas triunfantes tinham dele.

"Occident"[14] determina a constituição de grupos de choque, protegidos por capacetes e armados de cassetetes, que se preparam para a nova guerrilha.

A luta interna e a luta externa se radicalizam conjuntamente e acabam por se associar; aí reside o sentido do dia 22 de março, quando os grupúsculos fundam uma unidade de ação à qual se integra inclusive a corrente maoísta.

A radicalização interna ataca doravante os exames sacrossantos que, um ano atrás, até mesmo o estudante revolucionário temia questionar. O questionamento do exame é uma contestação do princípio de seleção e de hierarquização social. No entanto, mais profundamente, mais obscuramente, talvez, é a recusa do rito de iniciação capital da sociedade moderna, isto é, a passagem ao universo adulterado do adulto. A audácia de tal ataque corre o risco de isolar os seus promotores da massa estudantil, para a qual o desejo de uma carreira pesa mais do que o desejo, não menos real, de recusar a carreira. Mas é aqui que a autoridade universitária, temendo a sabotagem e para deter a contaminação do movimento, fecha a faculdade de Nanterre e realiza o ato que reunifica e relança o movimento estudantil.

Enquanto em Nanterre o receio de "revolucionarização" provoca o primeiro gesto explosivo que a desencadeará, na Sorbonne é o receio da passagem à guerrilha (isto é, a um confronto armado entre os grupos "Occident" e os grupos revolucionários) *que provoca a segunda e decisiva conflagração.* A detenção de militantes provoca uma onda de solidariedade estudantil, logo juvenil, que vai se alastrar durante uma semana prodigiosa.

Uma primeira repressão sangrenta completa a obra-prima do kerenskismo e desencadeia a comuna estudantil.

---

[14] N. de T.: Movimento francês de extrema-direita fundado em 1964 e dissolvido em 1968.

O ministro da educação não cessará de favorecer a revolta: a alternância da inércia que se quer mas que não ousa ser liberal e da repressão sempre tardia e excessivamente brutal vai cingir a revolta estudantil com um invólucro protetor cada vez mais amplo. Professores que repudiam toda e qualquer reforma universitária e os que repudiam toda e qualquer revolução serão levados pela repressão a se solidarizarem com os estudantes. As classes médias e burguesas, constituídas por pais de estudantes secundaristas e universitários, indignam-se mais com a repressão do que se inquietam com as imprudências dos seus filhos. O batismo dos cassetetes e dos gases lacrimogêneos atrai a simpatia dos meios populares, a princípio hostis aos "filhinhos de papai". Enfim, o reflexo antigaullista nos partidos de esquerda vai submergir o reflexo antiesquerdista que o partido comunista francês quisera suscitar.

É nessa trama favorável que se desdobrarão seis prodigiosas e inesquecíveis jornadas, primeiro heroicas, depois eufóricas, terríveis, estudiosas. Seu ponto alto é marcado pela primeira batalha do *Quartier Latin*, onde a guerrilha *gavroche*[15] ousa responder à granada lacrimogênea com paralelepípedos (*pavés*)[16] e depois com a grande caminhada de trinta quilômetros por

---

[15] N. de T.: Termo que remete ao personagem Gavroche, do romance de Victor Hugo *Os miseráveis* (1862), denotando jovem ou criança de Paris de temperamento vivo e impertinente, de comportamento rebelde e generoso.

[16] N. de T.: Em francês, *pavés* são os blocos de pedra que servem para calçar as vias públicas, se referindo tanto aos "paralelepípedos" quanto às pedras que servem para calçar vilas e cidades medievais e coloniais; os *pavés* são as unidades, enquanto o sistema é a *pavage* (pavimentação). Embora "pavimento" seja uma tradução melhor, em português o termo é mais genérico que em francês e, obviamente, na França de 1968, os *pavés* são, de fato, paralelepípedos, os quais estão associados aos acontecimentos de Maio de 68, ocasião na qual – num gesto evocativo de lutas populares anteriores – eles foram arrancados e utilizados na construção de barricadas ou como projéteis contra a polícia, revelando a areia que se escondia sob eles – o que explica o mote de 68 de que sob eles, havia "a praia"...

Paris, com a surpreendente parada de bandeiras vermelhas sob o Arco do Triunfo, enquanto milhares de vozes cantam *A Internacional*, depois pelo alegre despontar das barricadas, depois pelo selvagem afrontamento da noite de sexta para sábado, pelos dois dias e duas noites de discussões e de estudos ininterruptos no anexo Censier[17], reocupado sábado sem violência e, finalmente, pela ocupação da Sorbonne.

Contrariamente ao que se poderia crer, as minorias revolucionárias, que haviam encabeçado todas as ações estudantis de novembro de 1967 a abril de 1968, não foram dirigentes, mas cumpriram o papel de catalisadores e reguladores no decurso das "seis gloriosas". A revolta nasceu espontaneamente, por reação em cadeia dos estudantes a partir das prisões brutais ocorridas no pátio da Sorbonne, e todas as grandes iniciativas tiveram uma origem espontânea, por vezes mesmo contrariada pelos grupos revolucionários: a grande caminhada, o despontar das barricadas, a ocupação "autogerida" de Censier.

Contudo, os revolucionários trazem a este movimento, que se estende espontaneamente até os estudantes secundaristas e aos jovens trabalhadores (ou desempregados), não a solidariedade, *que é a própria essência do movimento do princípio ao fim*, mas uma consciência de fraternização permanente entre estudantes-operários, franceses-estrangeiros, o canto d'*A Internacional* e a bandeira vermelha, o que inscreve o movimento no grande eixo revolucionário interrompido na França desde 1935.

Ao mesmo tempo, os grupúsculos revolucionários regularizam, canalizam o movimento sem jamais dominá-lo. Eles o instruem sem cessar ("Os cornos na varanda", grita um grupo de jovens durante um desfile na Champs-Élysées, – "Não camara-

---

[17] N. de T.: O anexo Censier era uma dependência da Sorbonne reservada ao primeiro ciclo.

da", diz calmamente um estudante do serviço de ordem, – "Ah! Está bem"). Aliás, rápida e habilmente os marxistas-leninistas (maoístas) e o CLER[18], transformado em FER (trotskistas-lambertistas)[19], retiram suas cartas políticas do jogo, embora permanecendo presentes, ou mesmo na brecha. O papel central de catalisador-regulador é exercido pela constelação do 22 de Março[20] com a JCR[21], Cohn-Bendit e seus camaradas marxistas-libertários, enquanto a Unef[22] assegura as transmissões oficiais e homogeneiza os militantes dispersos; a isso é preciso acrescentar a contribuição experiente dos antigos membros da Unef de 22 a 30 anos, veteranos dos tempos da guerra da Argélia ou das cisões com o PCF[23], e o apoio multiforme de alguns assistentes

---

[18] N. de T.: *Comité de Liaison des Étudiants Révolutionnaires* (Comité de Ligação dos Estudantes Revolucionários).

[19] N. de T.: *Fédération des Étudiants Révolutionnaires* (Federação dos Estudantes Revolucionários). O lambertismo é um movimento trotskista dirigido por Pierre Boussel (Pierre Lambert) alinhado com a IV Internacional.

[20] N. de T.: Corrente do movimento estudantil francês de caráter antiautoritário e de inspiração libertária, fundado na noite de sexta-feira 22 de março de 1968 na faculdade de Nanterre. Reúne anarquistas, situacionistas, trotskistas e futuros maoístas-espontaneístas. Daniel Cohn-Bendit é a personalidade mais midiatizada do movimento.

[21] N. de T.: *Jeunesse Communiste Révolutionnaire* (Juventude Comunista Revolucionária).

[22] N. de T.: *Union Nationale des Étudiants de France* (União Nacional dos Estudantes da França).

[23] N. de T.: *Partie Communiste Français* (Partido Comunista Francês), fundado em 1920 na esteira da Revolução Russa, nasceu como um racha da SFIO (*Seção Francesa da Internacional Operária*, ver nota 79), cindindo assim uma das raras organizações que conseguiram unificar as esquerdas francesas em algum momento, se alinhando, por conseguinte, às ideias de Lenin, vitoriosas na Terceira Internacional, a chamada Internacional Comunista (*Komintern*, na sigla em alemão) – da qual, contudo, se afastou gradualmente, inclusive pelo próprio afastamento soviético de qualquer estratégia de expansão do comunismo que não passasse por sua própria estratégia nacional; esse processo, contudo, não estava totalmente acabado em 1968, com o PCF ainda espiritualmente alinhado à "linha soviética", o que

ou professores-assistentes, comprometidos entusiasticamente com um movimento que os comoveu e moveu desde o início. Esse amálgama, esse ajuntamento de indivíduos e grupúsculos, toma um aspecto de "Comuna de Paris", ainda mais com a contribuição "17 de Outubro" da JCR. A combinação anarquista--bolchevique, com Cohn-Bendit, produz maravilhas. Em poucos dias este animador revela dons de estratégia, de prudência, de audácia que fazem deste "judeu alemão" o personagem político francês mais proeminente do momento, de pensamento certamente mais estruturado no decurso desses dias do que o de nossas sumidades universitárias e políticas. Jamais líder, mas agitador e desagitador, com um senso admirável da democracia de massas, de respeito das ideias e das responsabilidades entre seus irmãos de luta, Cohn-Bendit é precisamente a imagem e o símbolo da criatividade anarquista dessas massas juvenis, da democracia direta, na qual esses secundaristas, esses jovens, esses estudantes universitários, a maioria sem qualquer formação política e renitentes aos "politiqueiros", ressuscitam sem o saberem, *simultaneamente num jogo e numa seriedade extraordinária,* os sovietes de Petrogrado.

O jogo e a seriedade

E é aqui que seria necessário encontrar os traços exatos para explicar sem trair. Houve uma dimensão de jogo permanente que constitui a originalidade desta "comuna juvenil". Não o jogo-algazarra (*jeu-chahut*), que rapidamente foi dirimido, mas o jogo-quermesse[24] que culminou no grande desfile eufórico por

---

lhe valia a oposição tanto de maoístas e trotskistas quanto dos autonomistas que emergiram no Maio de 1968.

[24] N de T.: Em francês, *kermesse* designa festa popular realizada anualmente

Paris e, de modo mais íntimo, jogo-guerrilha, jogo-planetário, no sentido em que, enfim, os acontecimentos permitiam imitar seriamente (como em todo grande jogo) as barricadas da história da França e as guerrilhas de "Che" Guevara. Esse jogo, claro, está disfarçado de ideologia, o que não impede que possamos confidenciar a um amigo próximo que "a gente se diverte pra burro". Há um jogo, igualmente, no sentido estratégico do termo, com os problemas de campo, de ofensiva, de coordenação. Esse verdadeiro jogo é autenticado por seus verdadeiros riscos, inclusive o risco de morte. E aqui a dimensão lúdica inverte-se no seu contrário, que é a seriedade extrema. Porque foi também com uma seriedade total – isto é, a fé em sua solidariedade e ação – que os jovens lutaram e quiseram modificar o seu mundo e o mundo.

Pode-se ver a passagem do jogo à seriedade e à tragédia na *soirée*-noite da sexta-feira. As barricadas apareceram e foram edificadas num júbilo impressionante. Toda uma juventude aspirava a reassumir em seu ser a história real, épica e sangrenta, história das revoluções, das causas justas e heroicas ainda ardentes no Vietnã e na América Latina, e da qual ela havia sido privada.

A prova de iniciação, no seio da floresta arcaica, realiza-se afrontando espíritos aterradores e maléficos. Os policiais do Estado francês representaram esse papel e, por isso mesmo, determinaram *uma verdadeira iniciação* à vida adulta, quer dizer, à crueza e à bestialidade do mundo. Mas não há dúvida de que isso foi ainda mais longe para milhares de jovens para os quais esses oito dias foram uma iniciação à vida social, uma verdadeira socialização, e, para a maior parte deles – atraídos pelo

---

ao ar livre na região de Flandres (Bélgica, Holanda e norte da França), caracterizada por sua atmosfera descontraída e agitada.

chamado quase elementar da solidariedade –, com a formação-
-relâmpago de uma consciência política, isto é, a descoberta da
vida social como campo de forças, a decantação de um bem
e um mal políticos, a aprendizagem de algumas noções-chave.
Assim a grande festa de solidariedade juvenil, o grande jogo
sincrético da revolução, foram ao mesmo tempo, no plano individual, um *exame de passagem para a sociedade* (que, naquele
momento e para a maioria, pareceu preferível e muito superior
aos exames escolares) e, no plano coletivo, a vontade de se afirmar na e contra a sociedade.

Sorbonne-"Potemkin" ou Sorbonne-"Aurora"

Uma nova fase começa com a ocupação do anexo Censier e
prospera a partir do momento em que, com o retorno de Pompidou[25], o governo adota a atitude Kutuzov[26] de retirada; a
comuna estudantil ocupa a Sorbonne, Nanterre e numerosas
faculdades do interior, que se tornam outros tantos pequenos
"encouraçados Potemkin".

É na Sorbonne que se concentram os aspectos mais viru-
lentos, mais radicais, mais significativos da comuna estudantil.
Esta, tão logo instalada, desdobra-se em duas irmãs siamesas, *a
comuna universitária* e *a comuna política*. Na comuna universitária, a criatividade selvagem da rua se transforma em *meetin-
gs*-seminários, em comissões-colmeias, nos quais, rompendo
todas as hierarquias, todas as contenções, os espíritos desamor-

---

[25] N. de E.: Georges Jean Raymond Pompidou (1911-1974), então primeiro-
ministro francês, cargo que ocupou entre 1962 e 1968, para depois, em 1969
ser eleito Presidente da República, sucedendo a De Gaulle.

[26] N. de E.: Mikhail Illarionovich Golenishchev-Kutuzov (1745-1813),
marechal de campo do Império Russo e herói no seu país quando da
resistência à invasão napoleônica.

daçados se entregam dia e noite a uma investigação-diálogo, a uma interrogação profunda e sincera, que fazem compreender a que ponto a instituição recalcava não somente o inepto, mas também o melhor. As comissões se multiplicam livremente e examinam as relações professor-aluno, a estrutura e a gestão das faculdades, as disciplinas particulares desde a sociologia, claro, até os estudos literários, a sexualidade... Infelizmente, nenhum gravador registrou as milhares de intervenções em que se exprime e exalta a aspiração a uma utopia universitária, mundo no qual o saber verdadeiro e puro (liberto de seus conteúdos de "classe") seria livremente assimilado.

Reaparece então o corpo docente. Sua parte mais acadêmica, mais oficial, não deixou de suportar impacientemente com um furor versalhês que espera o castigo para os impudentes. Mas sua ala avançada, que protestou contra a repressão, que aderiu ao movimento estudantil por indignação, inteligência reformista ou receio de se deixar ultrapassar, sente que os mecanismos de implementação da reforma correm o risco de se precipitar no turbilhão. Os professores mais simpáticos ao movimento o advertem contra seu "niilismo", que é, na verdade, seu "libertarismo". Os projetos de reforma que haviam brotado como *champignons* da cabeça do professorado liberal começam a mofar tristemente. É que o vento está favorável à utopia concreta, em que a Sorbonne, aberta e livre, abrindo-se ao povo trabalhador, à festa, à música se esforça em dar um sentido e duração à nova e gloriosa fórmula: "Aqui, o poder é da imaginação" (*Ici, le pouvoir est à l'imagination*).

Paralelamente, o movimento da rua, ao se instalar nas faculdades, permite o ressurgimento das minorias revolucionárias. Os grupúsculos tornaram-se tropas decididas nas quais há talvez cinco a dez mil militantes prontos para as mais heroicas batalhas para libertar a sociedade. Desde 3 de maio, a camada dirigente reforçou-se com a integração de antigos quadros estudantis, *demi-soldes*[27] da sociedade de consumo, que contribuem com sua experiência, sua inteligência e audácia. Mas operou-se uma grande mutação: os líderes da revolução estudantil sentem-se doravante os iniciadores de um movimento revolucionário destinado a derrubar "o Estado burguês". A Sorbonne é o trono da Macedônia desses novos Alexandres. Doravante, eles sabem que um movimento nascido de alguns grupúsculos divididos pôde tornar-se, em 13 de maio, a locomotiva de um gigantesco cortejo no qual os "crápulas stalinistas vinham a reboque"; eles sabem que desferiram um golpe profundo no baixo-ventre de uma sociedade que dispusera por toda a parte suas defesas, *exceto em seu berçário sociológico*. Não terá sido essa a oportunidade inaudita que se ofereceu à audácia leninista-trotskista para transformar a Sorbonne-Potemkin em Sorbonne-Aurora e fazer ruir na queda do Velho Mundo, ao mesmo tempo, a ordem burguesa, o gaullismo, a "esquerda", o partido stalinista?

É aqui que começa a se desarticular a unidade rica e triunfante da comuna estudantil e que a comuna política tende a separar-se e às vezes a opor-se à comuna universitária. Para a *intelligentsia* política, com efeito, a transformação da Universidade já não é apenas um problema secundário, mas corre o risco de ser uma distração. Não é hora para uma festa-quermesse, mas para a reorganização das energias. O grande problema é transformar o pátio da Sorbonne em plataforma do grande foguete revolucionário.

---

[27] N. de T.: Em francês, "*demi-solde*" (meio-soldo) é um oficial do primeiro Império retirado de atividade pela Restauração. Não estando mais na ativa, seu soldo (salário dos militares) é doravante diminuído pela metade.

O que ainda mantém a unidade é o sentimento muito profundo de amplas camadas estudantis de que as duas faces da comuna – política e universitária – são duas expressões de sua própria luta pela emancipação, e o operarismo (*ouvriérisme*) que, longe de dividir o movimento, como se poderia pensar, proporciona-lhe a ideologia que lhe permite autojustificar sua luta cultural (por uma Universidade aberta ao povo) e sua luta política (por um Estado popular).

Contudo, houve uma ruptura entre reforma da Universidade e revolução (da sociedade) e a luta entre a sociedade e o movimento estudantil se situa, neste momento, nesse ponto de ruptura porque é o ponto das discussões: nessa etapa, muito curiosamente, os professores mais esclarecidos são como esses social-democratas alemães que as forças profundas da reação deixavam no proscênio contra *Spartacus*: demonstram os razoáveis interesses da reforma, por vezes sem suspeitar que sociologicamente apelam à consciência do adulto individualista burguês que, em estado de crisálida, encontra-se em todo estudante, isto é, a seus interesses por um diploma e uma carreira. E, efetivamente, amplas camadas de estudantes se encontram divididas entre as exigências contraditórias de uma dupla consciência: consciência de tomar parte em uma grandiosa emancipação coletiva, consciência individualista de promoção pessoal...

O desfecho do combate depende da vitória de uma das consciências sobre a outra na massa estudantil. Em favor de uma delas se mobilizam atualmente os planos de reforma que sucedem à repressão; em favor da outra, os dirigentes revolucionários estão condenados a seguir avante, à lógica da revolução permanente, à ação a todo custo e por todos os meios. Assim, a vanguarda estudantil, ao se transformar em vanguarda revolucionária de toda a sociedade, deve tentar tomar de assalto a própria sociedade, de um lado, lançando ininterruptamente o chamado à classe operária para a ação revolucionária (ocupação de fábricas), esforçando-se, de outro, por ocupar já não os espaços culturais, mas alguma Bastilha-chave do mundo moderno. Assim, nos dias que vivemos se enfrentam duas estratégias contrárias, uma proveniente das instituições, que se esforça para estancar na origem o movimento revolucionário desviando para os estudos e para as reformas as grandes massas indecisas de estudantes, outra, que se esforça para atingir o mais rapidamente possível o coração e a cabeça da sociedade. Encontramo-nos num momento no qual tudo é possível, tanto num sentido como no outro, desde a extinção do incêndio sem outras consequências para além das universitárias, até a derrocada do regime ou a guerra civil. O desfecho menos provável seria o de um Estado operário?

Aqui se põe o problema-chave: o da classe operária. No mundo à parte de Nanterre, de novembro de 1967 a princípios de 1968, os grupúsculos, isolados de tudo, comunicavam-se eucaristicamente com a classe operária, e o diálogo com o proletariado se estabelecia por ventriloquia política. O marxismo era tanto um meio de racionalização (no sentido psicológico) quanto um instrumento de racionalidade; no vazio niilista que havia minado os valores nacionais e burgueses, [o marxismo] desempenhou a função de "pensamento selvagem" no sentido levi-straussiano, separando o alto do baixo, o cozido do cru e do podre, o justo do injusto, etiquetando, regulando, tranquilizando.

Revolução proletária ou juvenil?

Mas, nas jornadas de 3 a 13 de maio, as relações concretas que se estabeleceram na rua com jovens trabalhadores, a grande manifestação do dia 13, a autopurificação da consciência burguesa no e pelo fogo da luta, tudo isso deu um sentido concreto à relação estudante-operário. Da mesma maneira, o marxismo deixou de ser puramente verbal ao encontrar sua confirmação viva na "revolução permanente" e na criatividade das forças coletivas e ao se transformar em um guia de ação para moldar uma vasta massa estratégica.

Mas, na nova fase que começa com a ocupação da Sorbonne, vê-se claramente que o termo "classe operária" torna-se novamente o termo tapa-buraco que preenche os abismos mentais, o termo litânico que sacraliza, o termo mágico que escamoteia as contradições. Decerto, o grande chamado fraternal, pungente, lançado à classe operária provocou uma ampla repercussão nos trabalhadores com menos de trinta anos, aqueles que ainda não se *acostumaram* (*accoutumés*) ao trabalho mutilador e à vidinha cotidiana (*petite vie*), encontrou um forte eco nas oficinas combativas e até provocou as primeiras ocupações de fábricas. Mas podemos nos perguntar se, mesmo no caso de ocupação generalizada das fábricas, o movimento não seria eventualmente capturado (*récuperé*) pela esquerda oficial, que o utilizaria contra o regime. Finalmente, em sua marcha rumo ao poder, a vanguarda estudantil encontrará em seu caminho os sindicatos e os grandes partidos de oposição que assimilarão o movimento em prol do reformismo social, expulsarão os elementos revolucionários, ou deixarão as tropas revolucionárias caminharem para o matadouro para melhor comemorarem a sua memória no futuro. Não se pode excluir nem uma Semana Sangrenta[28],

---

[28] N. de T.: Na França se conhece como "semana sangrenta" (*semaine sanglante*) aquela do dia 22 a 28 de maio de 1871, quando uma brutal repressão com execuções em massa pôs fim à experiência da Comuna de Paris.

nem um junho de 1936[29] que desacreditariam o poder e abririam a porta à esquerda oficial.

Devemos nos perguntar, em perfeita ortodoxia marxista, se acreditando fazer a revolução de Marx ou de Lenin, a *"intelligentsia"* revolucionária não faz, em realidade, *outra coisa, uma espécie de 1789 sócio-juvenil* que consuma a irrupção da juventude como força político-social e de algo novo que a juventude introduz, irrupção que não pôde efetuar-se senão com o auxílio de conceitos e fórceps marxistas que justificam e orientam a agressividade, fecundam a ação, dão uma coerência ideológica a uma efervescência que ainda procura sua forma e seu nome.

O que é certo é que, atualmente, a vanguarda estudantil desempenha a função de *"intelligentsia"* dirigente de uma juventude que se pôs em movimento em todos os setores. Relembremos: o fenômeno essencial é essa solidariedade que ultrapassou amplamente a Universidade. Em Paris, em numerosas cidades do interior, os estudantes secundaristas estão em polvorosa desde o anúncio do acontecimento de 3 de maio, acusam diretores ou professores, em todo caso a ordem disciplinar dos liceus-quartel. Mais ainda: desde o início, jovens trabalhadores não acomodados (*non accoutumés*), jovens exilados ou excluídos do mundo operário chamados *"blousons noirs"*[30], jovens desclassificados, misturaram-se ao movimento e estão em movimento.

---

[29] N. de E.: Referência à Frente Popular, governo formado em 1936 que durou até 1938, o derradeiro da IIIª República Francesa (1870-1940), que reuniu comunistas, socialistas (da SFIO) e radicais em um só gabinete, mas foi engolido pela crise francesa dos anos 1930, as indefinições entre os parceiros de coalizão e o avanço do nazi-fascismo na Europa, inclusive dentro da própria França, dentre outros fatores.

[30] N. de T.: Jovens delinquentes assim designados em razão da jaqueta de couro preta com que frequentemente estão vestidos.

A agitação ganhou os jovens da CGT[31] e houve até uma pequena revolta dos quadros jovens durante a reunião de um comitê central secreto do partido comunista no dia 11 de maio. Será então a Sorbonne-Potemkin que anuncia a revolução bolchevique? Ou a Sorbonne-Bastilha que anuncia um 1789 juvenil? De minha parte, acredito que é algo de híbrido que, tomando de empréstimo a ideologia revolucionária, transmite ao anseio de renovação juvenil o anseio de transformação social e, como toda revolução profunda, antecipa os novos anseios revolucionários de uma sociedade.

Efetivamente, o chamado ardente à revolta operária encontra eco.

Subitamente, uma fábrica de Nantes é ocupada por seus operários e em dois dias as ocupações de fábricas se distendem em cadeia por todo o país, com uma espontaneidade análoga à das ocupações das faculdades. Mas a diferença capital é que a classe operária é controlada por poderosos sindicatos, antes de tudo pela CGT, que – símbolo surpreendente – fecha as portas da Renault para a confraternização e recusa o cordão umbilical entre Sorbonne e Billancourt[32].

É que a fraternização operário-estudantil significa de fato uma luta de morte entre duas ideologias e duas concepções de mundo. Antes de mais nada, trata-se de um afrontamento entre uma ressurreição trotskizante ou "esquerdista" (*"gauchiste"*), inflamada de revanche, e um aparelho stalinista, primeiro atordoado pelo retorno do "Monte-Cristo" que pensava ter liqui-

---

[31] N. de T.: *Confédération Générale du Travail* (Confederação Geral do Trabalho),) fundada em 1895 e ligada à época, como em boa parte de sua história, ao Partido Comunista Francês.

[32] N. de T.: Boulogne-Billancourt, populoso subúrbio industrial de Paris onde se localiza a sede da Renault.

dado, fustigado depois pelo ódio que trinta anos de obsessão exterminadora haviam tornado visceral.

Como se sabe, a ação reformista do partido comunista corresponde às necessidades materiais de amplas camadas operárias, ao passo que sua ideologia revolucionária satisfaz idealmente a parte frustrada da existência trabalhadora. Mas os jovens operários não estão ainda acomodados (*accoutumés*) e, para eles, a segurança, o salário, a casa, as férias, os filhos, ainda não constituem a parte fundamental da vida. "Autogestão", "revolução", será que reside aí a salvação para destruir o regime disciplinar da fábrica?

A febre combativa dos jovens trabalhadores, que responde à febre estudantil, ao evocar para os velhos seus antigos entusiasmos algumas vezes capitalizados na União Soviética, estimula ao menos sua combatividade reivindicativa. Assim se alastram as ocupações de fábricas.

Aqui começa a revolução sem rosto, na qual o movimento revolucionário estudantil, ao mesmo tempo que desencadeia uma efervescência semirrevolucionária na sociedade, nela deságua e joga seu futuro no futuro político comum.

A comuna universitária, por seu lado, ainda continua. Hesita entre uma revolução cultural e uma reestruturação reformista. No primeiro caso, desemboca-se numa eflorescência de teses, cartazes, parte-se à procura ou à descoberta de uma outra vida, vive-se essa outra vida na febre fraternal de comunicações, trocas, nos anfiteatros, nos pátios, entre companheiros... Nunca se ouviu tanto, nunca se falou tanto. "Nada tenho a dizer, mas quero dizê-lo" (*"Je n'ai rien à dire, mais je veux le dire"*), escreveu uma mão anônima entre as inumeráveis inscrições.

Entre os grupos de vanguarda já não existe nem meu nem teu, nem noite nem dia. Esta vida, nas duas primeiras semanas, é tão intensa, rica, que estudantes varam a noite acordados. Menciona-se o caso de um rapaz a quem foi preciso dar uma injeção de hipnótico para obrigar a dormir...

Nos fins de maio, essa prodigiosa vitalidade ainda não se esgotou. Mas já se veem aparecer sinais da degenerescência. Houve, em primeiro lugar, a invasão de Saint-Germain-des-Prés, afetuosa, aduladora, vaticinante, humilde, desejosa ao mesmo tempo de ajoelhar-se diante do estudante e de colocá-lo de joelhos. Os velhos mestres do pensamento (*maîtres à penser*) próximos da pré-aposentadoria, os neomestres do pensamento e os aspirantes a mestres do pensamento apareceram, com plumas e espanador (*plumeau*). Depois dos emocionantes encontros estudantes-operários, cada vez mais nos anfiteatros vê-se emergir esses malucos (*cingloïdes*) que não são nem os loucos geniais nem os excêntricos (*originaux*) engraçados, mas extravagantes monótonos. O terrorismo intelectual tenta instalar-se em toda parte onde o vendaval se atenua. Os marxistas-leninistas inflexíveis proclamam a lei de Althusser; o marxismo libertador se transforma em marxismo arrogante e intimidador; os Poujade[33] do intelecto se põem a berrar com veemência; as palavras revolução e classe operária se tornam palavras maná, palavras tabu; os situacionistas entregam-se a agressões físicas de muitos contra um, que consideram poéticas; os pintores, atores, diretores, escritores e estudantes dedicados às artes e às letras reproduzem de modo ainda mais caricatural e célere o

---

[33] N. de E.: Referência a Pierre Poujade (1920-2003), político populista conservador conhecido pelo anti-intelectualismo, a recusa à independência da Argélia e à defesa do "homem comum". Poujade fundou o movimento que elegeu, em 1956, um jovem deputado chamado Jean-Marie Le Pen, mais tarde líder da extrema-direita francesa, a qual passou a ser comandada, dinasticamente, por sua família. Poujade, contudo, adotou posições políticas mais moderadas no decorrer de sua vida, chegando a votar nos socialistas e se afastar politicamente de Le Pen.

ciclo bem conhecido que vai em busca de uma arte proletária, chega a alguns dogmas intimidadores, seja sobre a arte a serviço da revolução, seja sobre a revolução a serviço da arte, seja sobre a arte-revolução, seja sobre a revolução-arte...

É no declínio que essa comuna mostra sua carência originária: há muito pouco liberalismo no seu libertarismo. Ela vê demasiado e crê demasiado que o liberalismo é burguês. Não pode compreender o anseio profundo, fundamentalmente liberal, que se ergue dos regimes ditos comunistas.

O que sairá dessa comuna universitária? Ela terminará em idílio ou tragédia? Será ela mimada ou sangrenta? Acabará em confusão ou encontrará a força de uma metamorfose?

Desde já, por um desses paradoxos caros à história, é certo que a explosão revolucionária terá servido de gatilho, de amplificador, de acelerador de uma reforma modernista que abolirá a velha feudalidade universitária. Parece ainda que, salvo grande perturbação social e política, essa reforma não seria somente "tecnocrática", mas também democratizante, pela ampliação do recrutamento estudantil e pela abolição de todo direito divino professoral.

A interpretação da crise pelo crivo do atraso-inadaptação da Universidade, ao se tornar dogma, permitirá dar lugar às regras de eficiência e à racionalização generalizada do sistema universitário, por meio da integração de camadas cada vez mais amplas no dinamismo da civilização técnico-burguesa-gerencial-industrial-consumidora-de-lazer.

Mas, ao mesmo tempo e contraditoriamente, a explosão revolucionária vai aprofundar a crise de base, isto é, o profundo sentimento de angústia ou de cólera que nem os *campi* modelo, nem os seminários funcionais, nem os diplomas profissionais com saída no mercado reduzirão – pelo contrário. Como nunca, uma parte do mundo estudantil concentrará em si – e aí está o princípio de uma nova era – o sentimento, a consciência da insuficiência radical da civilização adulta, o desastre da vida tecnoburocrática no trabalho, pequeno-burguesa ritualista fora do trabalho, as lepras, as carências e as misérias humanas das sociedades ricas. São evidentemente as minorias revolucionárias as que expressam e deformam (por vontade racionalizadora, operacional, imediata) essa consciência, como é delas que emana uma consciência da mundialidade (*mondialité*) planetária (que certamente se divide em fixações e maniqueísmo), como é delas que jorra a audácia de afrontar os tabus universitários (apesar de constituírem novos tabus). Assim, tanto no plano da sociedade quanto da Universidade, o detonador revolucionário da comuna estudantil terá servido e acelerado a reforma, mas também, sem dúvida, acelerado e servido ao desenvolvimento de uma contestação de base.

Com efeito, a comuna estudantil é quase uma revolução por haver representado numa só revolução todas as revoluções sonhadas e por ter desafiado realmente a ordem estabelecida. Ela é rica, louca, genial como uma revolução. Como uma revolução, ela é uma explosão de utopia e de ucronia, e, contudo, bem enraizada num lugar e num tempo. Como uma revolução, ela é o êxtase da história. Como uma revolução, ela faz com que os indivíduos e os grupos que ela carrega se comuniquem na fraternidade e na generosidade. Como uma revolução, algumas vezes levou, sim, os indivíduos ao mais baixo de si mesmos, mas o mais das vezes, ao melhor. Penso nesses meninos que, ao longo de uma sexta-feira, não esperavam senão uma coisa: a libertação de seus camaradas desconhecidos, estudantes e não estudantes, franceses e estrangeiros; nessas candidatas ao ensino (*agrégatives*)[34] que deixaram o exame preparado a tanto custo, nesses militantes que se votaram à causa operária.

É claro que essa quase ou peri-revolução não tem todas as qualidades. Mesmo entre os anarquistas, repitamo-lo, o sentido libertário não é acompanhado verdadeiramente desse sentido liberal que a experiência da verdadeira ditadura proporciona, nem dessa lucidez para distinguir as palavras das coisas propiciada pela experiência do comunismo de aparelho, nem dessa crítica verdadeiramente radical que ousa criticar o marxismo e que é a característica do despertar intelectual dos países do Leste.

Um modelo clássico

Mas, de todo modo, a comuná estudantil trouxe algo novo que a evolução não traria. Esse algo novo ainda não tomou forma, mas é proveniente do encontro do movimento profundo nascido da juventude e das diástases das seitas revolucionárias marginais. As ideologias de uns, os preconceitos de outros, mascaram o rosto da esfinge que chega sob neblina.

Marx dizia que a Revolução Francesa era clássica, isto é, que apresentava em estado claro e acabado os traços distintivos que depois serviriam de modelo a todas as revoluções burguesas. A comuna estudantil de Paris será talvez um modelo clássico para as futuras mutações do Ocidente.

Ao destruir a Bastilha universitária, a comuna estudantil congregou, num instante provisório e intenso, como foram congregadas as três ordens em 1789, todas as ordens da juven-

---

[34] N. de T.: Referência aos estudantes que se preparam para o exame de *agrégation*, isto é, o concurso que dá direito à admissão no corpo dos professores do ensino secundário ou superior.

tude. Ao transformar a Sorbonne em quermesse-fórum-laboratório de ideias, ela esboçou a imagem de uma sociedade-Universidade aberta, onde a educação deve ser oferecida a todos, onde deve reinar a imaginação, não a triste burocracia, donde deve ser extirpada não somente a exploração econômica, mas também a raiz hierárquica da dominação. Ao repercutir a revolta estudantil em todos os horizontes da sociedade, ela prefigurou o papel central e vivaz que a Universidade vai desempenhar na sociedade. Logo em breve, mais da metade da população passará pelas universidades, e é ali que se colocará em primeiro lugar, e de forma decisiva, o problema da superação da humanidade burguesa.

O papel histórico da comuna estudantil será tão maior quanto mais intensamente ela vier a ser o que é. Seu papel é ignorado tanto por aqueles cuja missão é desencadear a revolução operária, quanto por aqueles cuja missão é apenas propor reformas construtivas à Universidade. De fato, é na experiência utópica e não construtiva que ela construiu um futuro que diz respeito a toda a sociedade. Recusando-se aos compromissos imediatos, ela se torna desde já exemplar.

I.II.
A desordem nova
por Claude Lefort

Ao acontecimento que abalou a sociedade francesa, cada um se esforça em dar um nome, cada um tenta relacioná-lo a algo conhecido, cada um busca prever as suas consequências. Apressadamente, erigem-se interpretações; gostariam que a ordem fosse restabelecida, senão nos fatos, pelo menos em pensamento. Gostariam de esquecer a sua surpresa, remendar a palavra de hoje com a de ontem, e, como os saqueadores após um terremoto, tirar partido, depressa, da Ocasião. Gostariam de tapar a brecha na qual nos encontramos. Em vão...

No dia seguinte à primeira noite das barricadas, parisienses e moradores dos subúrbios afluem à rua Gay-Lussac, aos milhares, em família, vão e vêm, não param de olhar os carros carbonizados, os buracos na rua, as vitrines estilhaçadas, os paralelepípedos empilhados. O que eles sabem fazer? Aquilo que sempre fizeram: fotografam. Mas o olho já está destituído. Nessa tarde, as pessoas escrutam alguma coisa que lhes escapa, um excesso que nenhum clichê fixará. Os ideólogos se precipitam também para os lugares da revolta: sonham eles, pensá-la. Mas seu olhar também desliza sobre as coisas. Pela primeira vez há muito tempo, surpreendem-se na errância.

Deixemos, portanto, livre curso ao espanto. A França não parecia, nos últimos dias de abril, estar prestes a engendrar uma revolução. Um poder que ganhou estabilidade, o mais firme que se conheceu de um século para cá, o mais bem armado, graças ao seu aparelho policial e militar, para reprimir qualquer atentado à ordem nas ruas; uma economia em expansão, seguindo o ritmo de um crescimento cujas pausas não fazem duvidar de sua continuidade, o nível de vida dos assalariados elevando-se aos poucos – por mais lenta que seja a ascensão e reduzido o benefício que eles tiram do crescimento da produtividade –, a alta dos preços contida, a inflação conjurada, a moeda consolidada; uma oposição instalada numa prática parlamentarista e eleitoreira sem eficácia, incapaz de fazer mais do que reivindicar um aumento da taxa de crescimento, uma melhor distribuição dos investimentos, a restauração do regime de assembleia, dividida a ponto de não poder se entender sobre um programa de governo; uma população, enfim, que, na sua maioria, apenas se interessa pela política no momento dos embates eleitorais e cujos desejos, gostos e condutas tendem a se modelar em função dos mesmos critérios – sejam quais forem as diferenças de classes –, uma vez que são orientados por todos os poderes que exaltam os emblemas da modernidade: não, ninguém anunciava, para um futuro próximo, barricadas nas ruas de Paris e dez milhões de grevistas.

Os especialistas da racionalidade retrospectiva, marxo-geólogos ou marxo-sismólogos, vão desenrolar seus mapas e desfiar seus cálculos para demonstrar que a queda relativa do poder de compra, o crescimento do número de desempregados, o atraso dos investimentos públicos ou as insuficiências da indústria no limiar da nova competição do mercado comum criavam as condições de uma crise. Mas quem se deixará, ainda, convencer?

O fato é que, de repente, reivindicações até então adormecidas ou pacificamente canalizadas pelas organizações sindicais transbordaram pela brecha aberta num grande muro da nossa sociedade; mas não foi sob a pressão dessas reivindicações que o muro cedeu. É verdade que a sociedade industrial moderna, orgulhosa de sua riqueza, de suas técnicas e de sua organização, continua a manter a miséria em seus flancos, pulula de desigualdades e conflitos; também não é surpresa ouvir as demandas se multiplicarem em todos os setores de atividade, uma vez desencadeada a greve geral. Mas a greve geral, a ocupação das fábricas, como dar conta disso? Dir-se-á que, não há muito tempo, em Caen, em Redon ou em Mans, jovens operários haviam lutado com uma energia selvagem? Que seja: havia ali um indício do ódio que a repressão desencadeia quando ela se junta à exploração. Mas não há medida comum entre essas explosões, breves, localizadas, e a greve geral. Este acontecimento é excepcional na vida de uma sociedade. Inútil, portanto, escrutar os mecanismos da reivindicação e inventar causas para explicar sua repentina aceleração. Essas causas particulares não existem, ou melhor, existem há muito tempo, de tal modo que é vão invocá-las. Daquilo que o historiador, marxista ou não, nomeia crise política ou crise econômica – digamo-lo sem rodeios – não encontramos sinais na França de 1968. Essa França passava bem, isto é, se acomodava alegremente a seu câncer, na certeza comumente partilhada de que ele não a impedia nem a impediria de viver. Se, na ausência de uma crise manifesta, ela foi, no entanto, virada do avesso pelo efeito de uma revolta estudantil, é preciso reconhecer que esse acontecimento fez aflorar um conflito fundamental, ainda ontem latente, que normalmente mascaram, ainda que não deixem de se referir a ele, as oposições de interesse entre as camadas dominantes da sociedade e a massa daqueles que sofrem a exploração e a opressão.

Da revolta estudantil, foi dito e repetido que ela serviu de detonador. É uma maneira de eludir o seu sentido, de se desvencilhar daquilo que é preciso pensar como o mais estranho e o mais novo da situação, um meio de restabelecer o esquema clássico da luta de classes, de se deixar apanhar pelas peripécias da parte comprometida entre os sindicatos e o patronato ou o Estado.

A verdade, que não interessa apenas à cronologia, mas comanda a história desse período, é que os trabalhadores não teriam suspendido a proibição que pesa sobre a ação direta, não teriam, num dado momento, afastado as diretrizes de suas organizações, não teriam esquecido todas as razões que os determinam cotidianamente a se submeter, e tampouco teriam realizado num espaço de três dias a experiência de sua solidariedade e de sua força, em suma, que não se teria despertado o desejo de afrontar coletivamente o poder do Estado se, num certo lugar da sociedade, na Universidade, um ataque não tivesse sido lançado àquilo que constitui a essência da relação social no regime burguês-burocrático. Notar-se-á que, assim que a greve se tornou geral, assim que as empresas foram ocupadas, o combate se ordenou em função de objetivos de caráter tradicional. Eis um fato de uma importância considerável que será preciso ponderar bem. Mas ocorre que, no momento em que os trabalhadores irrompem na cena política, eles tomam uma iniciativa cujo alcance excede de longe o campo da reivindicação que será circunscrito pelos sindicatos.

Iniciativa extraordinária, inconcebível algumas semanas antes, nascida da súbita evidência de que as grades do capitalismo têm uma abertura, de que vacila a grande Lei que rege, em todos os setores, as atividades de cada um e atribui a cada um o seu estatuto e a sua função, de que a autoridade daqueles que se converteram em fiadores da eficácia racional da Lei perante a coletividade é uma ilusão. Num instante, dissipa-se a crença cotidiana na inelutabilidade das regras que sustentam a organização da sociedade e das condições que elas regulam. Num instante, descobre-se que a pretensa necessidade da submissão está fundada numa relação de força e que essa relação pode ser desmantelada (*renversée*). Sim, em seguida a reivindicação se exprime sem colocar em perigo o sistema capitalista, mas a ação primeira pela qual a massa dos trabalhadores se destaca implica uma contestação geral, ainda mais radical porque todo esse sistema, no estágio a que chegou, tem por fim torná-la impossível. Ainda ontem, com todo direito, podia-se colocar a questão: como uma tal contestação poderia surgir numa época em que se ampliam a rigidez das relações sociais, a organização burocrática, a sujeição de todas as atividades a normas técnicas e de todos os pensamentos a modelos que escapam ao controle dos indivíduos e dos grupos? Como encontraria um freio a tendência, reconhecível em todas as sociedades que entraram no ciclo da tecnologia moderna, para encerrar o homem nos limites de uma função – esta, tão rigorosamente circunscrita, que a iniciativa é rebaixada ao seu menor grau, que o saber é decapitado por ter que se exercer apenas segundo as injunções de planos ocultos, que a relação pessoal é mutilada por se reduzir à transmissão de ordens ou aos meios de defesa estabelecidos por cada um para manter o outro à distância –, a tendência para separar, em todos os lugares, as instâncias de poder das coletividades onde estas operam e para fixá-las em hierarquias propícias à conservação daquelas instâncias; [a tendência] para ocultar a dominação do homem sobre o homem por meio de uma transferência crescente da coerção pessoal a regras pretensamente racionais; enfim, [a tendência] para fornecer, como réplica à pobreza das identificações suscitadas no trabalho (ou, mais geralmente, nos locais onde se decidem os grandes empreendimentos coletivos), os simulacros de uma cultura comum e de uma socialização efetiva, por intermédio dos objetos de consumo, pela divulgação e proliferação dos distintivos de competência, de prestígio e de prazer.

É verdade que a greve geral e a ocupação das fábricas não subverteram (*bouleversé*) a estrutura da sociedade. Não dizemos isso. Mas que elas tenham sido possíveis demonstra a fragilidade do modelo que alguns julgavam invulnerável. Bastaram alguns dias para que se rasgasse o mito da racionalidade do sistema atual e da legitimidade dos detentores do poder. Simples rasgo? Talvez... Mas, remendado o véu, a marca do rasgão permanecerá. Sabe-se agora – quem fará esse saber frutificar, como e em qual lugar, ninguém pode dizê-lo – sabe-se, no entanto, que é possível lutar na sociedade moderna, que o poder não está ao abrigo das revoluções. A certeza secretamente partilhada por alguns, mas raramente formulada, de que a gloriosa organização da vida social cobre e até mesmo engendra a desorganização, de que a autoridade é acompanhada pela incompetência e pelo medo, de que o universo "racional" das burocracias desde sempre se manteve apenas pela força das polícias e pela resignação dos governados, essa certeza pode doravante ser posta à prova, se referir a um acontecimento importante, seguir seu caminho na consciência do grande número.

Ao ideólogo que concorda com isso, repugna admitir que se deva buscar a origem de tal mudança na agitação sobrevinda no interior da Universidade pela ação de alguns estudantes exaltados (*enragés*). A Razão, parece, não ganharia com isso. Fala-se, então, de acidentes: ao fim de um período em que a autoridade universitária oscilava da ameaça ao recuo e do recuo à ameaça, uma repressão desastrada teria lançado os estudantes à rua, desencadeado a violência que toda juventude, e em particular a do presente, carrega em si: depois, diante das brutalidades policiais, a resposta popular trazida pela manifestação do dia 13 de maio teria suscitado o movimento das fábricas; quanto a este, suas causas pertenceriam a um registro totalmente diferente ao da revolta estudantil. Sendo assim, seria preciso separar cuidadosamente o que é da ordem da pequena história e o que é da ordem da grande história. À primeira se ligariam os episódios de uma revolta efetuada no interior de um microcosmo, a Universidade, uma revolta que nela se exacerbou tão somente em razão do arcaísmo da instituição e da afobação dos seus dirigentes, enfim, uma revolta que se deu tão somente por acaso; à segunda seria atribuído o estatuto da grande luta social, fingindo crer que basta uma ocasião para que o conflito de todos os dias tome a dimensão de uma greve geral. Essa hipótese sustentada pela grande teoria não é verdadeira. Caso se queira raciocinar em termos de acidentes, não se pode parar no caminho. Não são apenas os traços do movimento estudantil que são singulares, não são apenas alguns Decanos (*Doyens*), um Reitor, um Ministro que falham no momento certo, não é apenas a Universidade que, por causas contingentes, dentre as quais a primeira seria a resistência do corpo docente às reformas, se revela incapaz de se adaptar às necessidades da economia moderna. Tudo é acidental, remete à história única, incomparável, da sociedade francesa, do regime gaullista e da política gaullista – e [remete] à dependência na qual se encontrara o proletariado em relação a um sindicato comunista, e à composição desse proletariado, cujos setores arcaicos conservam uma importância desmedida no quadro de um capitalismo avançado, e à distância que o Poder mantém em relação às organizações de enquadramento da força de trabalho, e à obstinação do governo em conter as remunerações nos limites mais estreitos para fazer do franco um meio de pressão sobre o dólar, e ao caráter do General que lhe permite ignorar, soberanamente, a insatisfação engendrada pela sua grande política (grande politique). Todos esses traços, aliás, devem ser levados em consideração: aqueles que farão a história de Maio de 68 deverão explorar o detalhe da situação. Com efeito, não há revolução que não esteja ancorada no contingente; talvez até não haja revolução que não encontre no arcaísmo de certas condições e de certas mentalidades o impulso de sua invenção, de modo que, abandonando-se à pequena história, acontece, por vezes, que o analista se encontre precipitado na grande história. Sustentamos apenas que se limitar a recensear esses traços, ou mesmo classificá-los, em função de um modelo de interpretação que atribui *a priori* uma função a esta ou àquela categoria dentre eles, é não avançar em direção a um conhecimento do acontecimento; em suma, que a análise se conclui perfeitamente sem esse modelo... Sustentamos que, para explicar o acontecimento, é preciso admitir que certas ações, certos conflitos – aqueles mesmos que ainda não conhecemos e que são localizáveis na origem do acontecimento – têm uma eficácia simbólica; dito de outro modo, para além de suas causas ou de seus efeitos pontuais, independentemente de sua cadeia de determinações manifestas, eles têm o poder de desencadear e de ligar uns aos outros, em toda a extensão das relações sociais, conflitos e ações que normalmente se ignoram, de fazer emergir a contradição que os funda.

Admiramo-nos de que na origem de um movimento que por um momento esteve prestes a provocar a queda do regime e, talvez, a transformar a estrutura política e econômica, estejam os alvoroços na faculdade de Nanterre. Invoca-se o exemplo de outros países onde a agitação estudantil, por mais viva que tenha sido, permaneceu circunscrita à Universidade, para demonstrar que um encadeamento de pequenos acontecimentos provocou um grande acontecimento. Valeria mais se perguntar o que havia de novo na ação empreendida em Nanterre e por que a Universidade é um lugar de onde a contestação pode se propagar para o resto da sociedade.

De fato, é se obstinar em reduzir o sentido do movimento iniciado por aqueles que depois foram chamados *enragés* considerar apenas, em seu começo, as agressões contra a autoridade dos professores e da administração. Dentre aqueles que semeavam a desordem, com mais ou menos felicidade, havia alguns, instigadores do jogo, que, embora não tivessem um plano, agiam na intenção de levar os outros o mais longe possível na recusa do sistema universitário e na crítica da sociedade burguesa. São eles que reencontraremos, um pouco mais tarde, à frente do Movimento do 22 de Março. Eles haviam se divertido, fora das organizações onde nos entediamos, mas a partida já era política. Nem programa, nem perspectiva, nem objetivo, no sentido em que compreendemos esses termos num partido, mas a ideia que, pela ação direta, pela provocação, recusando a lei da Universidade, era possível forçar uma passagem ou afrouxar uma prensa, mudar os dados de uma partida em que os jogadores prosseguiam no torpor, resmungando, como se eles estivessem fixados nela por toda a eternidade, e, consequentemente, emperrar um mecanismo essencial ao funcionamento do sistema social.

Parece que essa ideia se afirma bem rápido num círculo mais amplo: abrir uma brecha, segundo a expressão de Cohn-Bendit, eis prontamente a tarefa reconhecida. Talvez tenha havido, no quadro de Nanterre, perturbações de todos os tipos, algumas pouco gloriosas, provocadas por indivíduos em um processo de *liberação* triste (*défoulement triste*)[35] e, entre os professores insultados ou ridicularizados, alguns que não deviam tê-lo sido. O importante não é isso: um estilo de ação se impôs, cujo precedente desconhecemos. Os estudantes agitadores não boicotavam a Universidade, não conclamavam à greve, não fixavam listas de reivindicações ou, quando eram momentaneamente constrangidos a enunciá-las, proclamavam quase de imediato que uma resposta positiva não os deteria. Eles impediam que a instituição funcionasse, que a autoridade se exercesse; eles se colocavam na

---

[35] N. de E.: Ao pé da letra: "decalque", palavra que embora exista em português não é empregada habitualmente no léxico psicológico, na condição de antônimo ao conceito freudiano de "recalque" como no caso do texto. Recalque se diz, em francês, *réfoulement*, termo que por sua vez traduz o alemão *Verdrängung*, o qual é substantivo do verbo *verdrängen*, isto é, deslocar, desalojar. Tanto o termo português "calcar" quanto o francês *fouler* – que dão origem ao par decalque/recalque e *défoulment/réfoulement* – têm conexão com a ideia de fazer pressão sobre algo mediante o uso de um mecanismo, inclusive com os pés sobre a terra na agricultura ou, mais precisamente, em ofícios como a tinturaria ou lavanderia, que em Roma eram ramos da chamada *fullonica* – por sinal, a origem etimológica do termo francês. O conceito freudiano de *Verdrängung* diz respeito a determinadas marcas e diferenciações originárias, que instauram o inconsciente sem, no entanto, emergirem à consciência – pelo menos enquanto tais; isso daria por força do aparato civilizatório em seu movimento de reprimir as pulsões; essa emergência só se daria de variadas outras maneiras, como sintoma neurótico, por meio de atos falhos ou em sonhos; em português, mais e mais se tem traduzido esse conceito por repressão em vez de recalque, tornando possível o par liberação/repressão, algo útil nas linhas filosófico-psicológicas (pósfreudianas ou não) que admitem um antônimo para o processo de recalque/repressão; por isso se optou por "liberação" para se enunciar o processo descrito pelo Autor ao dizer que os eventos do Maio deram vazão a esses elementos, introjetados nos recônditos do sujeito por força do aparato de Estado.

ilegalidade, na praça pública, aos olhos de todos, contando com o apoio da massa para pôr em causa a repressão, de tal modo que a própria lei se tornava duvidosa. Na verdade, essa repressão não pôde cair sobre eles, a resistência estudantil se alargou, as dissensões se multiplicaram no corpo docente, a administração se afobou. À medida que o movimento se estendia, a verdade da velha fórmula leninista se fazia ouvir: uma revolução rebenta quando os de cima já não podem e os debaixo já não querem.

Não poderíamos subestimar o alcance do que ocorreu em Nanterre, num primeiro momento, e que, depois, se repetiria na escala da Universidade inteira: num setor da sociedade, desmorona o consenso, [desmorona] um sustentáculo muito mais profundo, muito mais antigo do que poderão um dia imaginar os profissionais da sondagem de opinião. Pois, em tempos ordinários, seja qual for numa faculdade o juízo lançado sobre os professores, sobre os programas de ensino, sobre os regulamentos, os estudantes estão capturados pela instituição, incapazes de entrever o que os prende a ela; sejam quais forem seus defeitos aparentes, a instituição se apresenta como fato de natureza; seus grandes eixos parecem imutáveis: a concentração dos meios que tornam possível sua atividade, a concentração do poder e da autoridade numa hierarquia de professores, a concentração do saber entre as mesmas mãos. Ora, pela sua ação, os agitadores de Nanterre abalam as evidências nas quais o sistema se sustenta. Eles minam a adesão inconsciente da massa dos estudantes e dos professores àquilo que fazia a realidade de sua vida cotidiana, deslocam o bloco social da Universidade, no interior do qual as clivagens eram até então invisíveis, rompem o lacre. Mais tarde, quando lançados à rua pela agressão policial contra a Sorbonne, não hesitarem em arrancar os paralelepípedos que pavimentam as ruas (*dépaver*), encontrarão nesse gesto o equivalente exato do que haviam começado a fazer na Universidade. A barricada não terá apenas a função de um muro de proteção apto a assegurar a retaliação aos agressores: ela será, primeiramente, o símbolo dessa ruptura e de um novo estabelecimento (*établissement*) no meio da cidade.

&

Mas tal empreendimento apenas se mostra possível com a condição de romper com os quadros da contestação. Os que tomam a iniciativa de agir não estão num sindicato ou numa de suas frações, também não pertencem aos diversos grupúsculos que, de ordinário, monopolizam a luta política, eles não estão *em parte alguma*. Eis justamente o que desconcerta e continua a desconcertar os ideólogos. "Irresponsáveis", dirão a seu respeito os homens sérios que nos governam, "irresponsáveis", repetirão os homens sérios que governam, secretamente, a classe operária, "irresponsáveis", pensarão também, num primeiro momento, os estudantes sérios que pretendem governar a revolução futura e já lhe designaram sua via correta. Num certo sentido, essas pessoas não se enganam. Os *enragés* não respondem por nada, nem por aqueles que os seguem, nem por aquilo que acontecerá amanhã. Sua liberdade de ação e de linguagem se liberta dos velhos entraves. Julgam apenas que o que fazem e o que dizem é a verdade do momento. Liberdade nova, à qual Cohn-Bendit dá o justo tom quando, na noite de 10 de maio, pressionado por questões à saída da reitoria por jornalistas que se obstinam em fazer dele um chefe, um líder, um representante, em lhe pedir que apresente seus títulos, ele declara tranquilamente: eu não sou mandatário de ninguém, não falo em nome de um movimento; o que afirmo, creio ser o que pensa a massa dos estudantes. Não nos equivoquemos sobre essa audácia. Não se trata de um traço de personalidade. O Movimento do 22 de Março possui mais de um Cohn-Bendit. Ele se formou à imagem deles, assim como eles próprios se formaram à imagem do movimento. Se esse movimento pôde dar seu impulso à revolta estudantil e, por seu efeito, provocar uma greve geral, é porque desde sua origem não tem dirigentes, não tem hierarquia, não tem disciplina, porque contesta os profissionais da contestação, viola as regras do jogo que comanda a vida das oposições. A brecha que ele abre na Universidade, abre simultaneamente nas pequenas burocracias que fizeram da reivindicação e da luta revolucionária propriedade sua. Na verdade, é a mesma brecha, pois a sociedade está ordenada de tal maneira que as organizações, por mais extensas ou restritas que sejam, por mais diversos e mesmo opostos que sejam os seus objetivos, não podem senão produzir, no contato com meios diferentes e em níveis de atividades diferentes, uma estrutura análoga.

Em todas [essas organizações], uma minoria de dirigentes se cinde da massa dos executores, a informação se retrai ao espaço do poder, hierarquias manifestas ou ocultas se tornam os suportes dos aparelhos, os setores de atividade se compartimentam, o princípio de eficácia que rege a divisão do trabalho e do saber se faz passar por princípio de realidade, o pensamento se deposita e se petrifica em programas que fixam a cada um os limites do que é permitido fazer e pensar; em todas elas também, tentativas análogas se exercem para suscitar a participação do grande número em ações cujo sentido lhe é subtraído, técnicas análogas aparecem para ressuscitar a iniciativa desfalecida ou simplesmente produzir o simulacro de uma comunidade. É verdade que o meio estudantil não é quadriculado como os outros: a determinação social é ali posta em xeque pela indeterminação da idade, as coerções materiais não têm o mesmo peso, os homens não têm tempo de envelhecer em suas funções, as próprias instituições têm raízes ainda frescas. De outro modo, como a revolta poderia ali nascer e se propagar com tanta força? No entanto, as organizações estudantis não escapam ao modelo geral. O sindicato tende a se definir segundo as regras que comandam o funcionamento dos sindicatos adultos, se entrega aos mesmos ritos, institui em seu seio as mesmas divisões, se arroga da mesma maneira a gestão da reivindicação e manipula a massa. Os grupúsculos (*groupuscules*) políticos que, em sua maioria, se alimentam da denúncia do partido comunista, não vivem senão pelo desejo de igualar-se a ele, de se apropriar de sua imagem. Aqui e acolá, faz-se a mímica do cerimonial das organizações adultas, restabelece-se, em oposição aos partidos ditos traidores, a boa organização, a boa disciplina, o bom programa; definem-se os limites de seu território, as zonas de competência, atribui-se a cada um seu devido lugar; cede-se aos mesmos mecanismos de identificação que asseguram o reino de uma Lei acima de toda contestação, a legitimidade como consequência da posição de autoridade e a sacralização do grupo.

Ora, é contra esse sistema que os *enragés* desferem um golpe decisivo. Eles não apenas sabem que nada se deve esperar do Poder, dos partidos ou dos sindicatos que fingem combatê-lo e que, se fossem constrangidos a isso, não se apropriariam do Poder senão para fazê-lo servir a novos interesses, somente para deslocar no jogo as peças da exploração e da opressão. Sabem também que, muito perto deles, os grupúsculos estão encerrados na repetição. Que não se procure noutro lugar a razão de seu sucesso: eles aparecem no meio estudantil radicalmente diferentes daqueles que os cercam e clamam a sua vontade revolucionária. Eles estão em ruptura com o seu meio. Numa sociedade saturada de discursos e de organizações, na qual a palavra e a ação estão condenadas à prisão domiciliar, na qual é preciso ter o seu lugar, enunciar sua identidade para ter o direito de agir ou de falar, eles criam um novo espaço. Seria melhor dizer: eles cavam um não lugar. Aí o possível renasce, um possível indeterminado, um possível que vai se revitalizar e se modificar de acontecimento em acontecimento, e que traz consigo um número de estudantes cada vez mais importante, desestabilizando, no seu curso, os próprios militantes políticos. O extraordinário então é que, por um instante, o movimento estudantil se encontre por inteiro em processo de ruptura e apareça como exaltado (*enragé*) ao conjunto da população – isso, a despeito de sua heterogeneidade e das rivalidades que não cessam de opor as pequenas facções.

Para depreciar o papel desempenhado pela equipe dos *enragés* de Nanterre, repete-se, à margem das organizações, que os acontecimentos jogaram a seu favor, que a cegueira do ministro e de seu reitor, depois a repressão selvagem [dos policiais] das CRS[36] transformaram a agitação em revolta. Os que empregam essa linguagem deveriam ler ou reler a passagem que Trotsky consagra a Luís XVI e a Nicolau na sua história da Revolução Russa. Aprenderiam que, numa sociedade que se desfaz, o rei é quase sempre fraco, muito convencido de sua imagem, obstinado em não ver nada fora do palácio e proclamar que nada acontece. O rei da Universidade e seu primeiro-ministro são exatamente o que deveriam ser na situação. É maravilhoso vê-los coincidir tão justamente com o seu emprego. As afirmações de Roche, no auge da crise, se tornam cômicas de tão medíocres. Quanto a Peyreffite, ele declara, no dia seguinte à noite das barricadas, ter há muito tempo começado a reforma esperada pela

---

[36] N. de T.: *Compagnies Républicaines de Sécurité* (Companhias Republicanas de Segurança).

Universidade, *deseja* que a ordem retorne aos espíritos, depois distribui comunicados sobre a data dos futuros exames como se os estudantes estivessem em seus quartos debruçados sobre os seus cadernos. Sem dúvida, os jovens agitadores não podiam saber que seus intentos cresceriam tão rapidamente graças aos seus adversários, mas eles agiram de modo a colocar a sorte ao seu lado. Como teria dito Maquiavel, eles souberam ser mais ousados do que prudentes, compreender que a Fortuna é mulher e sempre amiga dos jovens, que é preciso bater-lhe para mantê-la submissa e agir sem respeito...

Mas sua primeira virtude, repetimo-lo, é sair dos caminhos batidos que sindicatos, partidos e grupúsculos retomam indefinidamente. Aí está sua primeira audácia. Apenas descobrem a eficácia da ação direta, da ação exemplar, daquela que impacta a imaginação coletiva, [que] excita em cada um o desejo de imitar e de ir mais longe, porque se reúnem à distância das organizações, se libertam de sua tutela, ao mesmo tempo que das tutelas das autoridades estabelecidas. É da prática desse agrupamento que surge um novo modo de ação. É preciso também compreender que o encontro de um pequeno número à distância das organizações só tem eficácia, por sua vez, porque lhes é oferecida a possibilidade – por eles reconhecida – de intervir numa situação concreta, *aqui e agora*. Com efeito, há muitas maneiras de querer se libertar do quadro das organizações. Não falamos daqueles que não têm outro objetivo senão levar certos grupos a superar suas rivalidades para constituir o que chamam uma Frente. Estes continuam militantes, no sentido tradicional do termo, mesmo quando se desligaram de uma organização e vagueiam à margem de outras; eles nunca deixaram de ser assombrados pela imagem do partido político; sonham apenas com o apaziguamento dos conflitos teóricos, mas não colocam em questão a prática e o discurso do revolucionário profissional. Mas quantos outros, depois de terem feito a crítica dos partidos e dos grupúsculos, se associam em círculos ou clubes para se alimentar de suas discussões, não podendo fazer mais do que vegetar às custas da ilusão revolucionária. O fato é que, muito frequentemente, toda ação lhes é vedada por causa de sua heterogeneidade, da impossibilidade de lançar o peso de suas ideias (quando as têm) num setor determinado da sociedade. O que há de novo no empreendimento dos primeiros *enragés* é que eles se encontram na vontade de afrontar a Universidade. Essa decisão de agir ali onde se está tem um alcance que ainda não foi bem medido. Antes dos acontecimentos de Nanterre, a Universidade é objeto de críticas que irrompem de todos os lados, mas cuja carga política é turva e apenas latente; há muito tempo ela já é o teatro de reivindicações que a Unef[37] e os sindicatos de professores registram em seus catálogos e são impotentes para brandir em outros lugares que não em seus congressos; reivindicações, aliás, que sob a capa de uma fraseologia nebulosa, tendem apenas a adaptações do sistema atual no interior da sociedade burguesa-burocrática. De sua parte, os grupúsculos que circunscrevem a zona da política para uma minoria de estudantes se desinteressam dos problemas da Universidade. Fazer política é – pensam eles – elaborar teses sobre a natureza do imperialismo americano, sobre a China, a União Soviética ou Cuba, sobre o regime gaullista ou o partido comunista; é decidir sobre as condições nas quais a Guerra do Vietnã encontraria uma resolução legítima; é organizar manifestações a favor do FNL[38]; [é] assegurar fiadores marxistas de seu programa; é

---

[37] N. de T.: Ver nota 22.

[38] N. de T.: *Front National de Libération* (Frente Nacional de Libertação).

travar, à custa uns dos outros, a guerra do recrutamento. Não se pode duvidar de que os *enragés* partilhem certas preocupações de seus camaradas; eles exigem o direito de manter assembleias políticas no âmbito das faculdades, de difundir todas as informações disponíveis sobre a Guerra do Vietnã ou sobre Cuba, de projetar filmes de alcance revolucionário. Mas sua força é saber decifrar a política o mais próximo deles mesmos, no universo em que vivem cotidianamente. Nenhuma demonstração precisa ser feita, ela far-se-á por si mesma no curso da ação: entre a repressão que se exerce no interior da Universidade, sob a capa dos imperativos mais nobres, a que se abate na sociedade sobre todos aqueles que exprimem publicamente suas reivindicações ou sua oposição ao regime (e então mobiliza o aparelho policial), a que ameaça os trabalhadores todos os dias nas suas empresas e os atinge à menor contravenção das regras estabelecidas, [e] a que o imperialismo americano desencadeia contra o povo vietnamita, por todos os meios de terror de que dispõe, há uma relação. Não se trata, obviamente, da mesma repressão. Aqui ela se mostra a nu, lá está velada, quase irreconhecível; aqui os agentes da repressão assumem seus meios e fins, lá se ignoram enquanto tais; aqui é a guerra, lá um conflito atenuado, sensível apenas a seus protagonistas. Mas, enfim, o que acontece quando os estudantes de Nanterre atacam a autoridade dos professores e violam os regulamentos? Eles entram em choque com os policiais da CRS que os espancam com os cassetetes que surravam, há poucos anos, os opositores da Guerra da Argélia, e os asfixiam com o gás que o exército americano espalha no Vietnã. Assim, a unidade do sistema de opressão se desvela. Subitamente, os estudantes se encontram frente a uma verdade que as teorias mais bem compostas jamais conseguiram produzir. A política, para eles, está enraizada numa experiência singular, mais rica do que todos os ensinamentos dos partidos e dos grupúsculos. Rica porque eles descobrem o seu sentido no dia a dia, agindo, porque eles intervêm no real, porque se tornam senhores de seus próprios assuntos, porque o adversário deixa de ser anônimo, revela-se como *seu* adversário. Experiência indelével, que desqualifica os conflitos de opinião, torna vãs as discussões sobre a natureza do imperialismo. Não é que esses conflitos, essas discussões não tenham fundamento, mas quando servem apenas para engendrar discursos fechados, organizações monolíticas, inteiramente ocupadas com a defesa ou a conquista de pequenas posições de poder, então sua única consequência é fornecer, a cada um, um domínio imaginário da sociedade. Vivendo na denegação de sua condição, tomando de empréstimo a identidade dos pretensos atores da história universal, os militantes legislam sobre a Revolução mundial. É este engodo que a ação dos *enragés* destrói, sem sequer ter a necessidade de denunciá-lo; eles se poupam do ridículo de instituir um microbirô político ou um microcomitê central, de convocar os estudantes a subscrever um novo programa político; sua associação se estabelece em função de uma tarefa imediata, ao seu alcance, cujo término não procuram imaginar, mas que é revolucionária pela contestação radical das relações sociais específicas da sociedade burguesa que tal ação implica.

Nisto, a nosso ver, o empreendimento é exemplar: se, no futuro, lutas revolucionárias se desenvolverem, será pela iniciativa de agitadores improvisados, indiferentes às ordens dos sindicatos, mesmo que sejam sindicalizados, à margem dos partidos políticos, pequenos e grandes – capazes de apanhar uma ocasião, de explorar, no setor em que se encontram, a revolta que a opressão burocrática suscita e de fazer a demonstração prática de que a mesma revolta atua nos outros setores da sociedade.

Não é um efeito menor da ação dos estudantes ter posto em evidência o parentesco das estruturas em função das quais se ordenam o funcionamento das organizações e a atividade dos grupos em toda a extensão da sociedade. Como acreditar – à maneira de alguns que disso tentam persuadir-se – que a revolta se propagou da Universidade a todas as outras instituições em razão das agressões policiais no *Quartier Latin*? Dissemos que a greve geral, a ocupação das fábricas, implicava uma liberação das proibições que pesam normalmente sobre a classe operária, que testemunhavam, por si só, uma autonomia excepcional. Mas consideremos a efervescência que se apodera de setores cuja atividade é essencial à regulação do sistema social e onde, desde há pouco, se desencadeou ou rapidamente se acelerou um processo de burocratização: o setor da informação, o da pesquisa científica, o da medicina, o do direito notadamente – em toda parte o problema de uma autogestão é posto, em toda parte a autoridade dos dirigentes ou dos quadros superiores é contestada; é o despotismo burocrático ou a feudalidade que são denunciados (um e outro, aliás, muito frequentemente imbricados no mesmo lugar). Por um momento, até mesmo as igrejas são arrastadas no turbilhão da reivindicação: os jovens judeus ocupam o Consistório, os jovens protestantes condenam uma teologia opressiva, os jovens católicos se insurgem contra a hierarquia. Estes são sinais que não enganam. Com o abalo trazido à Universidade, estremece um modelo que se impunha em todos os outros quadros sociais. Porém, não é preciso dizer mais? Não é porque esse modelo se encontra mais bem dissimulado no âmbito da Universidade que, no momento em que ele se desvela, a coletividade entrevê o que normalmente escapa à sua consciência: a forma de uma relação social específica do capitalismo moderno? Mais ainda? Não é porque a Universidade é o lugar privilegiado da produção e da reprodução das estruturas mentais dominantes que ela não pode entrar em revolução sem que vacile, por toda parte, a ordenação dos papéis, das atitudes e das representações?

É um fato que na Universidade os homens e as coisas se apresentam sob um véu. O Capital é invisível: os meios de trabalho parecem "naturalmente" reunidos com vistas a possibilitar a formação mais completa possível do maior número possível de estudantes; a gestão desses meios é confiada a um corpo particular de administradores, mas se trata de funcionários que, seja qual for sua posição, parecem não ter outro fim senão preparar e organizar o quadro no qual o processo de ensino se desenvolve. O poder é igualmente invisível; mascarado, de um lado, sob regulamentos cuja principal função parece consistir em tornar as condições da competição iguais para todos e proteger cada um do que poderia causar-lhe prejuízo, seja como professor, seja como aluno – ambos estando rigorosa e complementarmente definidos como aquele que ensina (*enseignant*) e aquele que é ensinado (*enseigné*); e, é mascarado, de outro lado, sob uma autoridade (a do professor) que não deve ter outro fundamento a não ser a competência. Enfim, no que concerne ao próprio saber, cujas exigências de transmissão supostamente comandam o funcionamento da instituição, os mecanismos que asseguram seu modo de divisão e de distribuição não são menos invisíveis: a compartimentação das atividades no interior de uma faculdade, a ordenação dos estudos, as sanções e suas modalidades, a própria delimitação do que deve ser conhecido, impõem-se sem razão evidente. Quando o estudante entra no processo de formação universitária, ele se vê reduzido a ser apenas o sujeito de uma demanda de conhecimento, que precisamente lhe é circunscrita pela instituição – ou, melhor dizendo, reduzido a não ser mais do que o objeto da demanda que lhe é feita para se tornar adquiridor (*acquéreur*) de um saber determinado, e nada mais. Na verdade, é raro que ele consinta inteiramente nessa operação; acontece de se rebelar; e também é verdade que, no exercício de sua função, muitos professores não desempenham o papel que lhes é conferido, eles são muito mais do que ensinadores (*enseignants*). Mas o sentido da resistência que o estudante (ou por vezes o professor) opõe à coerção da instituição lhe escapa e, por pouco que queira obter os diplomas de que necessita, é preciso que aceite parcialmente sua condição.

Falaremos de alienação, de opressão, de exploração na Universidade? Seria melhor dizer que nesse lugar, onde elas apenas se manifestam, tudo é estabelecido sob o signo de uma denegação constante do conflito, para que sejam aceitas lá onde reinam cruamente, ou seja, em todo o resto da sociedade. A Universidade trabalha para naturalizar a divisão entre dirigentes e executores, entre os que sabem e os que não sabem, a compartimentação das atividades, a fixação de cada um em sua função, a estrita separação do público e do privado, da atividade profissional e da vida política, de tal modo que a lei do capitalismo moderno encontre a obediência em toda parte – o que significa tanto o encargo da dominação quanto a submissão à autoridade. Mas se a Universidade pode tender a cumprir essa função, é também porque ela se inscreve materialmente no marco burguês-burocrático. Do mesmo modo, não é por acaso que a reivindicação dos estudantes em participar da gestão da instituição se choca imediatamente com o poder de Estado. Revela-se, então, que a constituição de uma massa de meios de trabalho, separada da massa dos estudantes e dos professores que utilizam tais meios, responde a exigências que não são apenas exigências técnicas de formação; que é essencial ao funcionamento do sistema que, apesar de sua concentração nas grandes unidades de formação, os estudantes permaneçam indivíduos separados, cujo trabalho possa ser medido e sancionado em função de critérios objetivos; que, na falta de uma medida do trabalho estudantil, ou rigorosamente falando, de uma redução desse trabalho ao processo mensurável de aquisição de técnicas e conhecimentos, toda organização econômica fundada na especialização e na hierarquia das funções tornar-se-ia inviável.

A proibição imposta aos estudantes de tomar parte coletivamente na gestão da Universidade, nas decisões que concernem aos meios e fins da formação, essa proibição não é acidental; ela poderia ser contornada por artifícios se os estudantes, cedendo à sedução de uma nova pedagogia, de aparência democrática, interiorizassem uma coerção que ainda é amplamente externa, aceitando, por exemplo, medir e sancionar o seu próprio trabalho, fazer de si mesmos os artífices de uma regulamentação que os encerra no quadro de uma formação estreitamente especializada e quase profissional. Em contrapartida, toda tentativa para romper a compartimentação existente entre as disciplinas, para recusar o sistema das sanções, para institucionalizar a contestação da autoridade dos professores ou para desenvolver um novo modo de socialização, introduzindo em cada faculdade um debate político permanente, é incompatível (ao menos a longo prazo) com os objetivos que são atribuídos à faculdade.

Certamente dirão que a Universidade francesa padecia por não estar suficientemente adaptada às exigências da economia moderna, em particular, que as faculdades de letras, no interior das quais a revolta estudantil se ergueu, continuam a manter um ensino de tradição humanista, em suma, que a instituição estava em crise não por efeito de uma mutação tecnoburocrática, mas por causa de sua impotência para deixá-la operar. O argumento é fraco. Talvez seja preciso considerar que a persistência dos valores que comandava a vida das velhas universidades, a insuficiência dos meios de que está dotada para enfrentar as novas tarefas impostas pelo desenvolvimento econômico e técnico, serviram àqueles que se rebelavam contra o novo modelo. Mas não há dúvida de que este já seja identificável e que seus efeitos já se deixem perceber. Ora, esses efeitos não são aqueles que os apologistas do capitalismo moderno alardeiam. Os estudantes se dão conta de que a formação técnica que lhes é prometida, e que começam a lhes dar, permitirá apenas a um número muito pequeno deles acessar funções de responsabilidade que requerem iniciativa, que a maioria dos postos que pretendem requer uma qualificação muito inferior à que eles adquirem na Universidade; que, desse modo, estão expostos a se tornarem proletários intelectuais; e que, enfim, não escaparão do desemprego – que nesse ano já atinge quadros superiores e pesquisadores científicos. Esses receios, objetarão ainda, não testemunham uma mentalidade revolucionária. Sem dúvida... Mas a revolução mobiliza sempre aqueles que veem suas esperanças arruinadas. Como mostrou o acontecimento recente, em alguns dias estudantes descobrem as razões, que lhes eram inicialmente desconhecidas, de sua oposição ao Poder. Depois de terem sonhado em se tornar quadros úteis e responsáveis, eles se sentem repentinamente ao lado daqueles cujo trabalho pretendiam dirigir; assim, é qualquer forma de enquadramento que lhes parece derrisória ou odiosa, e são eles os mais vigorosos a sustentar, dentro da Universidade, reivindicações que – eles sabem – colocam o regime em perigo.

Sem reconhecer o lugar que a Universidade ocupa no conjunto do sistema social, a sua função estratégica na manutenção do modelo que comanda a nova divisão técnica do trabalho e as clivagens entre as diversas categorias de dirigentes e de executores, não compreenderíamos a característica da revolução que nela tão rapidamente se propagou – revolução desencadeada, dissemos, pelos *enragés*, mas que encontrou uma linguagem comum na maioria das faculdades da França, sem que os estudantes tivessem tido a possibilidade de se pôr em acordo a este propósito. Ainda que seus esforços não tenham levado em toda parte aos mesmos resultados, em toda parte os grupos mais resolutos lutaram para impor sua participação na direção da Universidade, ou seja, para fazer valer uma fórmula de autogestão; para destruir as hierarquias que dividem o corpo docente, para obrigar os que detêm uma autoridade – decanos (*doyens*), administradores, professores – ou a quem ela é confiada – seus próprios delegados – a prestar contas de maneira permanente; para difundir as ideias e as informações no corpo inteiro da coletividade; para quebrar as compartimentações que, sob o pretexto das exigências técnicas da divisão do trabalho e do saber, isolam as categorias de estudantes e de professores umas das outras; para fazer reconhecer o direito à livre discussão política no âmbito da faculdade; enfim, para abrir a Universidade a todos aqueles que, no presente, estão excluídos dela.

Enunciadas nesses termos, tais reivindicações não poderiam ser consideradas propriedade dos estudantes. Não é por acaso que elas encontraram uma réplica exata em outros meios. Não podem senão sustentar todo empreendimento revolucionário, onde quer que ele nasça.

Os amantes de fórmulas da moda semeiam a confusão ao falar de revolução cultural a propósito da revolta estudantil. Na verdade, não há revolução que não seja política, econômica e cultural ao mesmo tempo. Ou, melhor dizendo, essas distinções devem ser recusadas tão logo a análise se aplique ao concreto. Em todos os domínios da sociedade moderna, encontra-se uma articulação entre capital, poder e saber. No quadro da indústria, a propriedade do meio de produção está nas mãos de uma camada particular, mas quando se diz que o conflito fundamental se desenrola entre os detentores da propriedade e os trabalhadores que estão excluídos dela, ainda assim é lançada apenas uma fraca luz sobre a realidade das relações sociais. A prova disso é que uma mudança no regime de propriedade, a conquista da gestão da produção por uma burocracia de Estado não muda profundamente a condição dos operários. Enquanto eles não estiverem em condições de tomar parte nas decisões que dizem respeito aos investimentos fundamentais e à organização do trabalho, enquanto permanecerem numa posição de executores, enquanto o poder for monopolizado por uma minoria sustentada por um aparelho de coerção, enquanto, por outro lado, a massa não puder julgar com conhecimento de causa os meios e os fins da produção, enquanto ela for privada da educação necessária para a identificação e o tratamento da informação, enquanto essa informação e essa educação forem reservadas a uma minoria dirigente, a estrutura das relações sociais poderá conhecer apenas alterações menores.

&

O paradoxo é que na França de 1968 são os estudantes que iniciam um movimento revolucionário e que, embora não formulem um programa, ao menos fazem valer princípios de um alcance universal. Sua voz tem eco em alguns setores que estão à margem do circuito da produção (notadamente no da informação); até onde podemos avaliar no momento, ela também encontra eco em certas camadas de trabalhadores, jovens operários, técnicos, profissionais altamente qualificados, quadros médios. Em contrapartida, parece que as grandes massas de operários e de empregados, tão combativas para realizar uma greve geral, se satisfizeram em confiar a defesa de seus interesses aos seus sindicatos e, sobretudo, que se limitaram a reivindicações que visavam somente a uma melhoria de sua condição de vida a curto prazo. Por certo, no momento em que escrevemos, as greves não estão totalmente encerradas. A repugnância do patronato ou do poder de Estado de fazer concessões que vão além do acordo de Grenelle[39] pode ainda provocar alguns sobressaltos. Contudo, é possível supor que os operários não se elevarão, em suas reivindicações, ao nível em que os estudantes colocaram sua luta.

Estes, no entanto, não deixaram de esperar que o proletariado tomasse a dianteira de sua revolução. Sua confusão é evidente quando os estudantes percebem, pela primeira vez, que a CGT[40] chega a lhes proibir o acesso às fábricas, depois, quando ela consegue organizar a retomada do trabalho. Quanto mais julgam com segurança a política comunista, mais ficam desconcertados pelo comportamento da massa dos operários. Colocam toda sua audácia – ao menos os mais resolutos – no apoio à ação deste ou daquele piquete de greve, mas hesitam em reconhecer que, considerada em seu conjunto, a classe operária não buscou de modo algum tomar o poder.

Essa descoberta arruinaria, neles, o empreendimento revolucionário? As razões desse empreendimento se desvanecem se for preciso convir que a revolução não se encarna numa clas-

---

[39] N. de E.: Os acordos de Grenelle, negociados no fim de Maio de 68 entre sindicatos, organizações patronais e representantes do governo Pompidou, visaram pôr fim ao turbilhão contestatório, por meio de aumentos salariais: 10% em média dos salários reais e 35% do salário mínimo francês, o denominado SMIG (Salário Mínimo Interprofissional Garantido).

[40] N. de T.: Ver nota 31.

se – uma classe que, de acordo com a Grande Teoria, deveria realizar nela a dissolução de todas as classes, cuja dominação deveria anunciar o fim de toda dominação? Não podemos nos perguntar se, contrariamente à profecia de Marx, o proletariado não tende a encontrar seu lugar na sociedade moderna, a fazer seus os valores das camadas dominantes, ainda que o benefício que tire dessa integração permaneça, para muitos, limitado e precário? Não podemos ainda nos perguntar se, no presente, não são as categorias mais diretamente afetadas pelo progresso técnico que são suscetíveis de desempenhar um papel político?

Os estudantes permaneceram, durante todo esse período, obnubilados pelas imagens gloriosas das revoluções do passado. Levaram às ruas bandeiras vermelhas ou negras. Cantaram A Internacional, se extenuaram gritando "o poder aos trabalhadores!". Talvez lhes tenha sido preciso se deixar fascinar por esses emblemas para se elevar à altura de sua tarefa. Marx não diz que a tradição de todas as gerações mortas pesa como um fardo no cérebro dos vivos? Não diz ainda que, quando os homens parecem ocupados a se transformar, é então que invocam temerosamente os espíritos do passado, que tomam de empréstimo seus nomes, suas palavras de ordem, seus trajes? E, precisamente para esta tarefa, será ainda em Marx que se deverá procurar a fórmula ou, antes, não é preciso buscar em sua obra o poder de se desprender do passado e de pensar nosso presente? A questão do presente é esta: a revolução ainda pode se imaginar no mito de uma sociedade que faria sua própria instituição da revolução – de um poder que seria aquele dos sem poder? De minha parte, o que julguei ouvir na linguagem que empregavam certos *enragés*, e especialmente Cohn-Bendit, ou ler em seu estilo de ação durante a primeira fase da revolta estudantil foi (a palavra pode surpreender): um realismo ligado a uma extrema audácia.

Eu o traduzo à minha maneira: o Poder, em qualquer lugar onde pretenda reinar, encontrará opositores que, entretanto, não estão dispostos a instalar um poder melhor. Eles estarão dispostos a perturbar os planos de uma sociedade que procura se fechar em sua ilusão e encerrar os homens em hierarquias. Se servirão de todas as ocasiões para estimular as iniciativas coletivas, derrubar as compartimentações, fazer circular as coisas, as ideias e os homens, intimar cada um a afrontar os conflitos em vez de mascará-los. Se não me engano, essa linguagem não se alimenta da ilusão de uma boa sociedade, livre de contradições. Se ela inspirar ações de um novo gênero nos anos vindouros; se grupos em maior número que outrora ganharem, ao ouvi-la, o gosto do possível sem perder o senso do real, deveríamos então convir que a revolução amadureceu.

I.III.

Uma revolução sem rosto
por Edgar Morin

No apogeu de sua trajetória, triunfando internacionalmente com a conferência vietnamita[41], na qual o Leste e o Oeste vêm lhe prestar homenagem, orgulhosa de um franco sólido como o ouro (num momento em que o dólar, a moeda-rainha, vacila), tendo superado uma recessão e entrado numa nova expansão econômica, a França modernizadora e reformadora, dominada por um patriarca-chefe liberal, essa França onde os protestos e as convulsões pareciam ser os últimos testemunhos de atrasos localizados em pequenas ilhas provincianas ou corporativas, essa França da V^a República[42], que havia liquidado uma longa e violenta crise de descolonização, onde a oposição – sem ainda conseguir fundar sua unidade, nem mesmo mascarar suas divisões – apenas com extrema morosidade aproveitava o desgaste do regime, essa França gaullista viu em poucos dias todas as suas correias de transmissão com a vida social e econômica rompidas, seu poder bruscamente desintegrado, à beira do abismo...

---

[41] N. de T.: Em 1968, Paris sediou o início das negociações de paz entre representantes dos Estados Unidos, Vietnã do Sul, Vietnã do Norte e Frente de Libertação Nacional, cujo acordo ocorreu apenas em 1973.

[42] N. de E.: Regime vigente na França de 1958 até hoje, marcado por uma Constituição que, dentre outras coisas, substituiu o regime parlamentarista inaugurado no pós-guerra, com vistas a dar mais governabilidade ao país por meio do fortalecimento da figura do Presidente da República que, não por coincidência, era à época o velho General De Gaulle.

Mais ainda, a crise política não é somente a do poder, é também a de todas as potências políticas substitutas, entre as quais a Federação da Esquerda[43] e o Partido Comunista, testemunhas mudas, impotentes, ignoradas pela torrente de Maio que se desencadeava fora delas e também contra elas, navios encalhados temendo que a maré que poderia arrastá-los seja demasiado forte e os quebre. A esquerda oficial não se deixará levar pelo movimento a não ser que possa freá-lo, canalizá-lo, desviá-lo.

Mas o incrível talvez não seja isso. A vacuidade em termos de política interior da V^a República, cujo governo não era mais do que um vasto conselho de administração, enquanto só o Deus-Pai gozava do luxo de fazer política, e apenas política internacional, tudo isso já era perceptível. A vacuidade política da esquerda oficial, guardiã de fetiches carcomidos e de mitos fetichizados, encerrada em suas armaduras burocráticas, que a paralisavam e a conservavam ao mesmo tempo, tudo isso era claro para muitos. O incrível é que se trate de algo mais do que de uma crise do gaullismo e de uma crise da esquerda. É a crise repentina de uma bela sociedade de consumo – que gira, rola, intoxica, zumbe –, [uma sociedade] pacífica, ativa, que as mais furiosas ofensivas da política, as mais perigosas turbulências da descolonização jamais abalaram; uma sociedade em ascensão, na qual a renda *per capita*, uma das mais altas da Europa, provavelmente cresceria mais, uma sociedade na qual as misérias e os arcaísmos se reduziam a pequenas ilhas, ao passo que há apenas quinze anos a pobreza e o arcaísmo constituíam o pano de fundo. E eis que nessa sociedade a caminho das harmonias americanas, as verdadeiras harmonias, pois sem o câncer negro ou vietnamita, eis que tudo emperra, quebra, se embaralha, pa-

---

[43] N. de T.: FGDS: *Fédération de la Gauche Démocrate et Socialiste* (Federação da Esquerda Democrata e Socialista).

ralisa, e a prodigiosa máquina cibernética se desfaz em milhões de descontentes que param, protestam, contestam...

Alguma coisa quebrou que não havia quebrado em maio de 1958, que não quebrou no tempo da OAS[44], alguma coisa que quebrou em 1940 unicamente sob os blindados alemães; alguma coisa quebrou numa máquina em estado de funcionamento aparentemente normal e, após duas semanas de investidas estudantis furiosas, mas extremamente limitadas, quase insulares, um mundo se desfez, de 18 a 23 de maio, com uma estranha suavidade... Uma gigantesca greve selvagem se abateu sobre toda a sociedade: selvagem, primeiramente, no sentido de "bom selvagem" do século 18º; tudo se encaminhou como para um estado de natureza, de anarquia, cada um recolhendo-se à empresa ocupada, à corporação, ao lar, uma sociedade perdendo por um instante sua estrutura e se atomizando. Tudo isso se tornou sensível pelo acúmulo de lixo que transbordava das lixeiras, pela abundância de detritos ao redor dos Halles, pelas filas nos bancos antes de seu fechamento, pelo pânico tímido das donas de casa que se precipitavam às mercearias e acumulavam provisões como para uma longa hibernação.

E durante alguns dias, entre 14 e 21 de maio, antes do primeiro pronunciamento do Parlamento, tudo permaneceu mudo: o Estado, o governo, a oposição, o PC; apenas a CGT[45] falava em nome dos milhões de silenciosos, mas como se se tratasse de reivindicações ordinárias. A greve se calava. Tudo se passava como se a política estivesse paralisada, *como se o país tivesse,*

---

[44] N. de T.: *Organisation Armée Secrète* (Organização Armada Secreta). Organização francesa paramilitar que se opunha à independência argelina, ela realizou várias ações violentas tanto na Argélia quanto na França, dentre as mais célebres o atentado à vida de Charles De Gaulle.

[45] N. de T.: Ver nota 31.

ao mesmo tempo, se tornado apolítico e entrado em revolução.
Foi justamente uma revolução sem rosto que apareceu bruscamente, e, no momento em que escrevo, não sei se ela vai se metamorfosear por deriva ou por apropriação antes de conhecer o seu rosto. A greve popular não clama nenhum nome, ao passo que a revolta dos estudantes, revolta de massa juvenil, havia encontrado o seu rosto-símbolo em Cohn-Bendit, o ruivo sem pátria, o democrata da rua, mesclando em si anarquismo e marxismo, trazendo consigo as duas bandeiras – a vermelha e a negra – cuja união é o símbolo da revolta estudantil; em nenhum lugar, em Maio de 68, se escutou um "Viva Waldeck Rochet!", um "Viva Mitterrand!", um "Viva Mollet!"; foi no fim de maio que se ouviu, aqui e acolá, um "Viva Mendès France!", foi no fim de maio que a política voltou a funcionar[46].

O que ocorreu, então, em Maio de 68? Um "acidente" sociológico, ou seja, alguma coisa que não estava inscrita no processo normal de uma sociedade; porém, um acidente interno, oriundo da ruptura de um dique, de uma artéria, oriundo de uma deflagração que se produziu no interior do corpo social, muito perto da cabeça, e que paralisou todo o sistema nervoso central. É esse "acidente" inacreditável, perturbador, que se trata de compreender.

---

[46] N. de E.: A ironia de Morin se refere, respectivamente, a Waldeck Émile Rochet (1905-1983), François Mitterrand (1916-1996), Guy Mollet (1905-1975) e Pierre Mendès France (1907-1982), os grandes ícones da esquerda institucional francesa naquele momento e nem por isso lembrados pelos manifestantes de 68. Mitterrand seria eleito Presidente da República francesa em 1981.

Da comuna estudantil à revolução sem rosto

Até Maio de 68, as revoltas estudantis nas sociedades ocidentais liberais jamais contaminaram a sociedade contestada. Na Alemanha, não alteraram a disciplina social-democrata pacífica dos operários; na Itália, não afetaram o jogo eleitoral que transcorria no momento em que elas estavam no auge; nos Estados Unidos, o *campus* de Berkeley, assim como os outros *campi*, permaneceu como uma pequena ilha avançada, uma utopia entre o céu e o futuro.

Por outro lado, não era somente na França que a crise estudantil nascia como de uma eletrólise a partir de dois polos extremos: de um lado, a inadequação da Universidade ao crescimento demográfico estudantil e às oportunidades profissionais, ou seja, ao mesmo tempo superfiltrando o acesso à Universidade e superproduzindo diplomas sem emprego; de outro lado, a adaptação excessivamente grande dos estudos universitários às carreiras tecnoburocráticas da sociedade burguesa. O receio ou a recusa de se afundar na morna vida do homem "unidimensional", o receio contraditório de não ter uma carreira assegurada e ascendente na civilização do bem-estar, esses dois receios constituindo os fermentos de uma dupla consciência estudantil, porém duplamente descontente e reivindicativa, tudo isso também existia na Itália, talvez ainda mais do que na França. Se, portanto, não há, de início, nenhuma característica original de fundo na revolta francesa, *é preciso buscar sua força de impacto num fenômeno de amplificação e de intensificação progressiva*, de novembro de 1967 ao começo de maio de 1968, graças a dois fatores que coincidiram com muita exatidão: a inteligência audaz de um grupúsculo (*groupuscule*) estudantil de Nanterre que conseguiu se unir em torno de seus temas vanguardistas no interior da luta, primeiro em 22 de março em Nanterre[47], depois de 3 a 13 de maio em Paris; e a inepta atitude da alta Universidade primeiro, do ministério informado ou influenciado por essa alta Universidade depois e, finalmente, do governo e do Estado durante o mesmo período. Digamos que a audácia "leninista" do 22 de março soube encontrar, do outro lado da barricada, um "kerenskismo" que lhe permitiu propagar-se: kerenskismo, quer dizer, ameaças vãs seguidas de concessões arrancadas e, no intervalo das fases ardentes, períodos de imobilismo total, que não sabe utilizar o tempo para uma reforma estratégica. Na verdade, essa estupidez não é um traço psicológico próprio desta ou daquela alta personagem da Universidade; é um traço sociológico próprio de uma casta anacrônica, que havia sobrevivido desde a Idade Média a todos os terremotos históricos; casta não "burguesa", mas pré-burguesa, feudal, da alta Universidade e dos professores de direito divino, catedráticos, que não compreenderam o que se passava na alma de seus alunos – [certamente] não mais do que estes *pieds noirs*[48] estupefatos em ver seus bons serviçais árabes tornarem-se perversos revoltados. No topo da Universidade, enquanto se alastra pelo mundo inteiro a revolta estudantil, nos primeiros sintomas franceses não se quer ver mais do que uma arruaça enfurecida, não se quer ver nas agitações políticas mais do que agitações patológicas, e a única saída que se vê é a eliminação dos líderes. Mas as regras da Universidade liberal impedem de reprimir a tempo e a fundo, no momento ainda propício, quando o fogo arde apenas em grupos muito pequenos. Há veleidades de semirrepressões,

---

[47] N. de T.: Ver nota 1.

[48] N. de T.: *Pieds noirs* [pés negros] é a expressão que designa cidadãos franceses ou cidadãos de ascendência europeia que se radicaram no norte da África, em países submetidos à colonização francesa.

que relegam cada vez mais grupos de estudantes para o lado dos ameaçados. Por outro lado, paralelamente, a tensão crescente em torno da Guerra do Vietnã, a pressão pró-vietnamita cada vez mais forte entre os jovens revolucionários – e que já levou o Partido Comunista francês a modificar sua palavra de ordem de "paz" em "vitória do povo vietnamita" –, essa tensão reforçada por manifestações internacionais cada vez mais sincronizadas e cada vez mais ardentes, tudo isso se traduz na frente estudantil pela eclosão de operações de pré-guerrilha destruidora entre os comandos (*commandos*) do *Ocidente*[49] e os grupos revolucionários estudantis.

É também a explosão simultânea nas duas frentes com o fechamento tanto de Nanterre, por receio do *boicote* dos estudantes, quanto da Sorbonne, por receio de uma luta quase armada entre estudantes. Isso provoca o primeiro grande movimento espontâneo, que vai se estender por uma vasta frente juvenil ao englobar os estudantes secundaristas, jovens operários e jovens *blousons noirs*[50], os três grupos que foram os elementos mais combativos das jornadas insurrecionais. De fato, é essa "massa" juvenil que vai constituir o movimento, mas este terá sempre como catalisador e regulador, como cabeça política a orientá-lo num sentido vermelho e negro, a pequena elite revolucionária, à qual se juntam, em 3 de maio e nos dias seguintes, uma plêiade de militantes experientes entre os vinte e trinta anos, veteranos das lutas políticas estudantis, tornados *demi-soldes*[51] da sociedade burguesa, e que se lançam para o grande jogo. Na França, portanto, a revolta estudantil é: 1) do ponto de vista

---

[49] Movimento francês de extrema-direita fundado em 1964 e dissolvido em 1968.

[50] N. de T.: Ver nota 30.

[51] N. de T.: Ver nota 27.

juvenil, muito mais ampla do que em outros países ocidentais, uma vez que engloba, desde o início, adolescentes de quinze a dezoito anos e jovens de meios populares; 2) muito mais bem trabalhada e orientada por seus catalisadores e reguladores revolucionários, que constituem um estado-maior político de uma extraordinária qualidade de ação e pensamento.

A repressão policial permite a essa revolta, ou bem atrair para si, ou bem conquistar a neutralidade benevolente de seu primeiro inimigo de classe: o corpo docente universitário. A repressão policial e a audácia *gavroche*[52] da revolta logo lhes rendem mais simpatia do que reprovação. É esse equívoco favorável que permite ao movimento revolucionário florescer plenamente no momento em que, com o poder recuando em todas as frentes, os estudantes se apoderam da Sorbonne, que se torna o moderno soviete de Petrogrado. A partir de então, a revolta se tornou uma verdadeira colheita. Dezenas de milhares de jovens passaram da reação visceral a uma consciência política elementar e radical.

A repressão foi suficientemente brutal para colocar a opinião pública contra si e radicalizar um bom número de estudantes e jovens. Ela jamais ousou ir longe o bastante para acabar o movimento. O Estado ameaçado, mas ainda sem saber de quê, sem ousar a tanto – e é preciso lembrar que o primeiro-ministro, antigo *normalien*[53], foi partidário da não repressão –, não pôde

---

[52] N. de T.: Termo que remete ao personagem Gavroche, do romance de Victor Hugo *Os Miseráveis* (1862), denotando jovem ou criança de Paris de temperamento vivo e impertinente, de comportamento rebelde e generoso.

[53] É preciso considerar também que os gabinetes do poder estavam repletos de jovens *énarques* [antigos alunos da Escola Nacional de Administração], jovens *normaliens* [alunos de uma Escola Normal, instituição de ensino superior de elite] que não podiam ter o impulso repressivo acerca da revolta estudantil.

reprimir até as últimas consequências a queridinha entre todas as classes: a classe juvenil.

O que precede talvez explique a amplitude e a intensidade da revolta estudantil, mas não explica que ela também tenha provocado enormes perturbações.

A ressonância

Talvez seja a palavra *ressonância* a que melhor pode nos fazer imaginar o ocorrido. A ocupação, a profanação, a dessacralização, a dessantuarização da Sorbonne provocaram uma vibração que se estendeu às universidades do interior, a setores inteiros da *intelligentsia*, da pesquisa científica, do ORTF[54], do cinema, dos escritores; essa mesma vibração agitou o mundo do trabalho, e tudo se pôs a vibrar ao mesmo tempo, como aquela ponte metálica, maravilha da engenharia, que os maiores pesos não tinham balançado, mas que viera abaixo a partir das vibrações sincrônicas provocadas pelo passo cadenciado das companhias[55] em marcha.

Se houve uma vibração até o ponto de ruptura foi porque houve, ao mesmo tempo, Ato e Palavra. O ato, essa audaciosa ocupação da Universidade pelos estudantes, ao mesmo tempo em que constituía um fenômeno inaudito no mundo da *intelligentsia*, lembrava à consciência operária o ato típico que reivindicava a sua mais antiga e fundamental tomada de consciência

---

[54] N. de T.: *Office de Radiofusion-Télévision Française* (Ofício de Radiofusão-Televisão Francesa). Instituição estatal criada em 1964 e que exercia o monopólio da radiofusão e da televisão públicas. Tornou-se alvo privilegiado de crítica pelos movimentos de Maio devido à sua instrumentalização e alinhamento ao ponto de vista governamental.

[55] N. de T.: Referência à tropa policial das CRS: *Compagnies Républicaines de Sécurité* (Companhias Republicanas de Segurança), ver nota 36.

– "a fábrica aos operários" – e reatava com o grande ato emancipador de junho de 1936: as ocupações de fábrica, de escritórios, de grandes lojas. Na verdade, a ocupação da Sorbonne efetuava e mimetizava um ato fundamentalmente operário, que voltou como bumerangue ao meio operário.

Mas, para que houvesse efeito de transmissão e de imitação, era preciso uma mediação. Essa mediação foi dupla: de um lado, a revolta estudantil já havia suscitado o despertar de uma revolta em muitos jovens trabalhadores que tinham vindo espontaneamente aos campos de batalha das circunscrições V e VI[56]; de outro, a revolta estudantil estava envolta de ideologia operarista (*ouvriériste*), banhada de fraternização operarista (*ouvriériste*), e, aqui, o papel das minorias revolucionárias foi capital, pois foram elas que, a partir de 3 de maio, mas sobretudo a partir da ocupação da Sorbonne, não pararam de lançar o apelo incitador à revolta operária.

Essa impressionante reoperarização da classe operária pelos estudantes só pôde enfim surtir efeito pela impressionante dessacralização da autoridade que a tomada da Sorbonne constituía, e pelo estado de ilha insurgente, de pequena comuna liberta do poder que o *Quartier Latin* apresentava.

O papel dos *mass media* foi considerável nesse efeito de ressonância. Ao longo do período ascendente e combativo do movimento de revolta estudantil, por meio da informação das rádios periféricas e do ORTF – [informação] semilivre da tutela governamental (France Inter[57]) –, pode-se dizer que todo *quantum* de informação se tornou um *quantum* de ação:

---

[56] N. de T.: Em francês, *arrondissement*: subdivisão administrativa e territorial de algumas grandes cidades, como é o caso de Paris.

[57] N. de T.: Estação de rádio pública francesa, de alcance nacional, criada em 1947. A partir de 1975, torna-se um dos canais da sociedade nacional de

1) Durante os combates de rua, a informação ao vivo da rádio, transmitida por radiotelefone, fornecia ao campo disperso e não centralizado – o campo rebelde – a ocasião de tomar conhecimento imediato, em cada um de seus pontos, da situação global e dos episódios particulares decisivos.

2) Os "apelos" das organizações ou pessoas (apelo Monod[58] da noite das barricadas) *se tornavam elementos mobilizadores imediatos numa escala muito vasta.*

3) A Unef[59] e o SNESup[60], organizações sindicais oficiais reconhecidas, servindo de insígnia legal e de caução burguesa junto à opinião, podiam se exprimir diretamente a todo momento, portanto, se beneficiar do gigantesco canal dos *mass media.*

4) A simplificação emocional, a necessidade do recurso à sensação e ao extraordinário que tinha a grande mídia, a relação subterrânea entre a mitologia juvenil da cultura de massa e os acontecimentos reais contribuíram para "vedetizar" a revolta estudantil.

5) A transmissão direta, *ao vivo,* dos atos de brutalidade repressiva atraiu uma simpatia generalizada, instantânea, aos *"gavroches"* perante o Golias CRS.

6) Por fim, tudo isso se juntou, se confundiu para dar uma amplificação emocional extraordinária a todo o processo ascendente e combativo, e uma dimensão épica, vitoriosa e con-

---

radiodifusão Radio France, originária da fragmentação da ORTF.

[58] N. de T.: Trata-se do apelo feito na noite das barricadas de 10 a 11 de maio por alguns professores da Universidade de Paris, dentre eles Jacques Monod (Prêmio Nobel de Medicina de 1965), para que o governo e as autoridades cessassem os combates, para que a polícia se desarmasse e os serviços de socorro atendessem prontamente os feridos

[59] N. de T.: Ver nota 22.

[60] N. de T.: *Syndicat National de l'Enseignement Supérieur* (Sindicato Nacional do Ensino Superior).

tagiosa ao que poderia ter permanecido uma erupção hiper-ruidosa do *Quartier Latin*.

Assim amplificada e magnificada, a ressonância foi disseminada, sustentada pela dialética do ato de ocupação, da dessacralização da autoridade e da ideologia operarista (*ouvriériste*) marxista. Essa dialética, ganhando inicialmente os jovens operários, depois as fábricas em ebulição combativa, desencadeou a primeira ocupação de fábrica em Nantes, e esta deflagrou as ocupações em cadeia com uma rapidez mimética. A informação radiofônica, sobre a qual a atenção apaixonada do país estava debruçada há quinze dias, amplificou o movimento, malgrado a CGT, que na origem o freou, malgrado o Partido Comunista e, obviamente, no estupor silencioso dos outros partidos.

Ocorre que o fenômeno de dessacralização da autoridade foi gigantesco: o próprio poder definhou, sob o efeito do que, na origem, foi o ataque ardente contra uma pequena Bastilha. A queda da bastilha universitária atingiu e atacou *a própria essência paternalista do poder social*.

Assim, nascido inesperadamente, prematuramente e tumultuosamente da resistência cega e insegura da alta casta universitária, o movimento estudantil, de 3 a 13 de maio, desempenha a função polimorfa de partido da juventude, arrastando e exaltando em si uma fantástica força de choque juvenil – onde todas as ordens são reunidas numa espécie de 1789, que agrupa solidariamente estudantes, jovens do povo, estudantes secundaristas de feitio intelectual; arrastando e exaltando uma *intelligentsia* que até então sonhava com revolução e assinava manifestos verbalmente incendiários de pseudopartido operário de vanguarda, conclamando à revolução proletária; [desempenha a função de] verdadeiro partido populista no seu ímpeto (*élan*) fraternizador para com as classes populares. Todas as funções não exercidas pelos tradicionais partidos políticos de esquerda e que, realizadas simultaneamente com uma agressividade espantosa e transmutada numa eficaz energia (mais tarde, será preciso nos interrogarmos sobre essa agressividade), provocaram a deflagração geral.

Desestruturação e dinamismo

A deflagração provoca uma desestruturação geral por definhamento do antigo poder da empresa e do Estado, e nessa desestruturação começa a atuar um novo dinamismo revolucionário assim que se estabelece uma estreita colaboração entre o governo e a vanguarda estudantil para representar o espetáculo do balé político kerenskismo-leninismo (que, por exemplo, com a interdição do território francês a Cohn-Bendit, devolve à dinâmica revolucionária o fôlego que ela estava prestes a perder e desencadeia, em 22 de maio, o segundo e decisivo ciclo de abrasamento estudantil-operário). Esses dois aspectos – desestruturação temporária de uma sociedade e novo dinamismo que quer fazer surgir novas estruturas – estão a tal ponto confusamente misturados que turvam o rosto de uma revolução que não sabe quem ela é e se ela é uma revolução. Mas, ao mesmo tempo, eles revelam dois eixos fundamentais: de um lado, uma reivindicação generalizada, de outro, uma aspiração revolucionária estritamente concentrada. Todavia, a reivindicação é, em sua origem, tão ampla e confusa que ela é quase revolucionária, enquanto a revolução é a tal ponto limitada a alguns núcleos (juvenis e intelectuais) que ela é uma quase-utopia.

Entre o polo reivindicativo e o polo revolucionário há, portanto, um magma incerto que envolve um e outro; há tudo aquilo que, antes da canalização definitiva da corrente, hesita em assumir um rosto.

É, portanto, essa zona mista, confusa, que é preciso interrogar inicialmente. Em primeiro lugar, é preciso se remeter ao fenômeno originário – a ruptura desse dique permanente –, que, provocada pela revolta estudantil, desencadeou *uma crise de autoridade generalizada*. No domínio da *intelligentsia*, é a revolta contra a autoridade gerontocrática ou paternalista que irrompe: com os estudantes secundaristas que se opõem aos diretores; os estudantes universitários contra o direito divino professoral, chegando muitas vezes a exigir o controle do exame pelo examinado, quando não sua supressão pura e simples; os jovens médicos dos hospitais que querem destruir o patronato dos gerontes; os pesquisadores do CNRS[61] que reivindicam participar da gestão do gigantesco organismo para destutelá-lo, titularizando-se; os escritores que se apoderam do senil Hôtel de Massa[62] e cogitam impor seu controle sobre o editor-paternalista; os escoteiros judeus que ocupam o consistório dos velhos rabinos e quase adentram, por essa via, os assuntos de Deus-Pai. A revolta se estende contra o Estado paternalista por toda parte onde a *intelligentsia*, acorrentada às organizações tecnoburocráticas da cultura, sofre ainda mais a autoridade minuciosa do Estado-vigia (*État-pion*) e se vê na mesma condição de dependência do aluno (ORTF e principalmente o setor de informações); ela se ergue inclusive entre os cineastas contra o Estado, que, de certa maneira, os protegia dos produtores e

---

[61] N. de T.: *Centre National de Recherche Scientifique* (Centro Nacional de Pesquisa Científica).

[62] N. de T.: *Sede da Societé des Gens de Lettres* (Sociedade do Pessoal das Letras).

distribuidores (CNC[63]). A revolta antigerôntica da Universidade desdobra-se então como revolta antipaternalista em setores muito amplos e, no mundo do trabalho, ela se transforma em revolta antiautoritária, atacando a própria autoridade patronal. O ato originário de ocupação de fábrica é, na verdade, um ato de derrubada semissimbólico e semirreal do poder. Mas a ocupação operária somente ousa imaginar destruir o patronato no extremismo minoritário ou juvenil; contudo ela se exprime – seja, às vezes, pela reivindicação de cogestão (CFDT[64]), seja, mais frequentemente, (CGT e os outros sindicatos) pela vontade de fazer reconhecer oficialmente o poder sindical na fábrica. Já nessa altura a autoridade sindical pôde habilmente tirar proveito do movimento que no início ignorava.

Há, portanto, nessa revolução sem rosto uma contestação generalizada do *poder*, inclusive nas formas mais degradadas ou menores da reivindicação, inclusive no momento em que ela se talhou no molde das grandes centrais sindicais. A contestação exige, em todo caso, uma certa modificação da relação de forças, ou seja, uma atenuação da autoridade patronal.

Essa contestação da autoridade enquanto tal, permitida e desencadeada por uma brusca insuficiência do poder tem, justamente por isso, um caráter arcaico, no sentido fundamental e principal do termo, para todo o mundo trabalhador esmagado desde os primórdios da era industrial pela opressiva disciplina de quartel.

Por conseguinte, Maio de 68, ao menos em todos os seus primeiros dias de ocupação de fábrica, reconcilia-se com a grande

---

[63] N. de T.: *Centre National du Cinéma et de l'Image Animée* (Centro Nacional do Cinema e da Animação).

[64] N. de T.: *Confédération Française Démocratique du Travail* (Confederação Francesa Democrática do Trabalho).

fonte libertária do movimento operário francês, simultaneamente com a tradição de luta contra a fábrica-penitenciária capitalista. Além disso, a revolta arcaica se lança também contra a nova ordem tecnoburocrática do trabalho, seja ela estatal ou capitalista, onde a "humanização" envolve o fundamento hierárquico da autoridade sem destruí-lo. Mas, nesse caso, é a *intelligentsia* criadora, ou presa à indústria cultural ou ameaçada e desvalorizada pela nova ordem tecnoburocrática, que experimenta a nova revolta com muita vivacidade, e não é por acaso que o termo *autogestão* floresce inicialmente de maneira mais intensa e ampla na *intelligentsia* do que na classe operária. Por outro lado, é na juventude que o caráter realmente moderno da revolta antiautoritária se exprime claramente, ou seja, de maneira antipaternal. Nela está a ponta de lança de um movimento de questionamento radical da civilização adulta, da noção de adulto-pai que se apresenta como imagem acabada do *homo sapiens*, à qual vai se opor uma imagem inacabada de adolescência permanente, cuja confluência com a ideia trotskista de revolução permanente é impressionante.

A revolta modernista antipaternal é virulenta no meio juvenil, a revolta arcaica libertária reaparece no mundo do trabalho. As duas características, arcaica e modernista, se misturam de diversas maneiras uma a outra e constituem a força de Maio de 68 (a força de uma revolução é sempre a conjunção de um arcaísmo e de um modernismo). Nesses dois aspectos, a onda atinge o poder frontalmente. Ela atinge, na verdade, não apenas o governo-conselho de administração da sociedade cujo poder não tem mais alma do que o poder de uma empresa, mas também a própria alma do que domina esse conselho e se encontra concentrado na imagem do guia-patriarca. Por uma estranha inversão, a potência conjuradora dos poderes e tempestades que constituiu a força do velho Próspero[65] durante esses dez anos torna-se, por três semanas, a sua fraqueza. Ao contrário da de maio de 1958, a erupção de maio de 1968, em vez de clamar o socorro do pai-chefe, vem dirigir contra ele o velho fundo parricida que se inscreveu no inconsciente político francês desde a morte de Luís XVI, e somente o caos prolongado pode, com o passar do tempo, restaurar a imagem paternal.

Esse fluxo antipaternalista e antiautoritário, antigerontocrático e antipatronal irrompe subitamente na França, liberando um perfume, ora libertário, ora libertador, e hesita entre os dois polos, o polo reivindicativo e o polo revolucionário.

O 22 de Março revolucionário

O polo revolucionário é o 22 de Março. O 22 de Março é, em seu núcleo, a fusão do leninismo e do anarquismo na ação revolucionária maleável e ardente *que recusa a organização* de um partido, mas aceita livremente a adesão de todas as correntes revolucionárias no interior da ação. O 22 de Março é uma fórmula original de frente de ação com o mínimo de organização e, ao mesmo tempo, com o máximo de inteligência estratégica e tática. O 22 de Março é revolucionário em sua substância, e, por toda parte onde se impõe, instaura-se uma nova ordem: democracia direta, assembleias permanentes, representantes (*élus*) revogáveis, uma ordem soviética. Com o 22 de Março, os sovietes, no sentido originário e integral, entram na França, a França que ainda é, que é também, a França de Guy Lux[66], da

---

[65] N. de E.: Referência ao personagem da peça de Shakespeare *A Tempestade*.

[66] N. de E.: Produtor e apresentador de espetáculos televisivos de jogos e variedades por quase quarenta anos na França.

R4[67], da DS19[68]. O 22 de Março mimetiza todas as revoluções passadas, a guerra da Espanha, a revolução cultural, Outubro de 17, a Comuna de Paris, *em seu esforço para viver e fazer viver o socialismo dos conselhos*. O 22 de Março está na origem de tudo: conseguiu a mais extraordinária subversão que a França conhecera, com a colaboração da alta Universidade, do governo Pompidou, do general De Gaulle, apesar dos esforços contrários do Partido Comunista e da CGT, graças sobretudo ao movimento espontâneo da juventude. Esse movimento poderia assolar o 22 de Março, mas este se manteve na crista da onda. O 22 de Março conseguiu fazer da Universidade um território soviético autogestionário: quer estender esse modelo a toda a sociedade e, incessantemente, relança a ação para a classe operária. Declara guerra não apenas ao regime gaullista, mas ao Estado burguês e ao sistema capitalista, aos partidos de "esquerda" e aos aparelhos stalinistas (CGT e PC). Pela primeira vez, a onda fraternizadora estudantil quebrou sobre as portas de Billancourt, que a CGT havia baixado como uma cortina de ferro para proteger a "sua" classe operária. Mas o novo impulso estudantil, especialmente após a medida kerenskista de interditar a França a Cohn-Bendit, acabou por criar, no começo da semana de 27 de maio, sovietes de um tipo absolutamente novo: os "comitês estudantis-operários".

A revolução é, portanto, esse socialismo dos conselhos, que o dinamismo revolucionário multiplica enquanto comitês de ação e que, se prosseguir, transformará em comitês de gestão. A irrupção desse comunismo gestionário na França é justamente

---

[67] N. de E.: Renault 4, automóvel econômico francês das décadas de 1960 até 1990, que competia com o Citröen 2 CV.

[68] N. de E.: Citröen DS 19, automóvel de tecnologia avançada, linhas aerodinâmicas e preço elevado construído na França entre 1955 e 1975.

a novidade mais formidável da conjuntura. A ideia gestionária, negligenciada e desdenhada pelos trabalhadores e pela *intelligentsia* francesa, faz reaparecer aqui e acolá a velha ideia-força esquecida da "fábrica aos trabalhadores" e faz emergir também, na própria *intelligentsia*, por toda parte onde se encontra subjugada em organismos burocráticos, estatais ou capitalistas, a ideia de cogestão e, até mesmo, de autogestão.

O fenômeno é muito nítido no ORTF, onde os jornalistas reivindicam a autogestão da informação, porém é mais complexo e confuso entre os cineastas e os escritores, que continuam a fazer declarações em vez de pensar em revolucionar as condições (aliás, extremamente complexas no que se refere ao cinema) da produção. Os escritores, por exemplo, não cogitaram exigir das editoras a revogação dos contratos leoninos, dos direitos de preferência, dos ritos de exame de passagem para os manuscritos submetidos a leituras malbaratadas.

A revolução tem, portanto, avanços extremamente desiguais na *intelligentsia* e na classe operária; ela é virulenta em sua exigência igualitária e libertária que condena *toda autoridade não delegada e não revogável*, em sua necessidade comunista profunda de superar a divisão do trabalho manual e intelectual, de criar um fundo comum de exploração das riquezas da vida. Quer o movimento tenha um futuro ou não, ocorre que, pela primeira vez numa sociedade ocidental evoluída, o comunismo original, desembaraçado de todo stalinismo, marxismo-leninismo e bolchevismo, *se tornou uma utopia concreta, vivida por milhares de jovens estudantes, trabalhadores, secundaristas e também por velhos deslumbrados, nos focos mais combativos da revolução sem rosto.*

A reivindicação

Obviamente, a ruptura do dique fez jorrar a reivindicação salarial, reivindicação que há décadas é a primeira hierarquicamente entre todas as reivindicações operárias, tendo primazia até hoje e mesmo sufocando toda reivindicação sobre a organização do trabalho, inclusive todos os princípios cogestionários propostos tímida ou paternalmente aqui e acolá. Ainda que a retomada econômica tenha começado, a reivindicação salarial emerge com força em maio de 1968, uma vez que ela foi contida pela política de deflação, tensionada pelo ataque lançado à segurança social; além disso, ela se amplia incessantemente, ampliação que é apenas a ampliação da reivindicação de bem-estar, segurança, desenvolvimento individualista da vida privada no interior da sociedade burguesa de consumo-lazer. A isso se juntam as reivindicações campesinas semelhantes, que exprimem a vontade das classes e das regiões desfavorecidas de participar do ritmo geral, da civilização do bem-estar.

Assim, a revolução sem rosto estimula uma dupla consciência operária: a primeira é a consciência da exploração no trabalho e que aspira uma outra vida de trabalho; a segunda é a do indivíduo privado, que aspira se desenvolver na civilização burguesa. Uma e outra querem negar a condição operária: a primeira revolucionando a empresa, a segunda transformando a vida fora do trabalho com base no modelo pequeno-burguês. Até 1968, havia uma supremacia incontestável da consciência que se funda na reivindicação salarial para transformar a vida privada; as esperanças de mudar as condições do trabalho estavam abandonadas ou capitalizadas na vaga perspectiva de um "governo popular" ou mesmo no mito da União Soviética, num tempo em que não se procurava muito verificar se ela era a "pátria dos trabalhadores".

Era nessa dualidade de uma consciência revolucionária, mitificada a respeito do Partido Comunista e da União Soviética, e de uma consciência promocional, baseada na reivindicação salarial, que se fundava o poder da CGT, cuja missão era sustentar o mito e, ao mesmo tempo, defender com eficácia a reivindicação.

E é assim que em maio de 1968 a CGT se opõe ao 22 de Março, cada um ocupando um dos polos da situação efervescente: o 22 de Março, o polo revolucionário soviético gestionário, a CGT, o polo reivindicativo-salarial, cada um ocupando uma das duas consciências da dupla consciência operária; uma que desperta através dos jovens trabalhadores "não adaptados" (*"non-accoutumés"*), a outra estimulada pela perspectiva de aproveitar a insuficiência do poder para obter um ganho imprevisto. Entre os dois polos passa o fluxo tumultuoso da revolução sem rosto que ainda não consegue se fixar. A satisfação salarial parece derrisória na manhã de 27 de maio, *é preciso alguma coisa a mais, diferente*; no entanto, a reivindicação gestionária parece impossível, perigosa, utópica. Há também uma contradição entre a *intelligentsia* estudantil que contesta a civilização do bem-estar, mas por tê-la vivido parcialmente, e a massa assalariada que, antes de ultrapassá-la, queria nela entrar.

A CGT se esforça para decantar, separar, isolar, a fim de opor a realista reivindicação salarial à utópica, nebulosa e provocadora aspiração autogestionária (lembremos que a autogestão segue condenada por todos os partidos comunistas, exceto na Iugoslávia). O 22 de Março quer, ao contrário, agitar o caldeirão. Sabe que a dinâmica revolucionária continua aberta enquanto houver, entre a reivindicação salarial e a reivindicação gestionária, a manutenção de uma reivindicação global, confusa, anárquica, *contestando a autoridade*, ou seja, uma luta de fato para modificar as relações de força na empresa e na sociedade. A interrupção desse dinamismo beneficiaria de modo essencial a reivindicação salarial. A desaceleração desse dinamismo abriria caminho a soluções reformadoras, mas o impressionante é que seja preciso esperar pelo 26 de maio para que se apresente o reformador provisório, nascido, não do movimento, mas tirado da geladeira política onde fora mantido sucessivamente pela IV e a V República.

Seja como for, o estímulo da necessidade reivindicativa mostra que a comuna estudantil, ao despertar a classe operária, ao querer lembrá-la de sua vocação marxista, revelou que essa classe também queria se integrar à civilização do bem-estar. Mas o surgimento de uma aspiração revolucionária também revelaria que a adaptação (*accoutumance*) do operário ao trabalho industrial e, sem dúvida mais amplamente, a adaptação do assalariado a seu trabalho subordinado e fragmentado, [que essas adaptações] *são resignações dos vencidos, não adaptações "naturais", adaptações que recalcam a angústia e a cólera a grandes profundezas, que neutralizam mas não absorvem o grande problema da relação do homem com o homem.*

O turbilhão

Mais tarde, vão se decantar os mil elementos misturados da revolução de Maio de 68, revolução sem rosto porque revolução de mil rostos com suas manifestações liberais e suas erupções libertárias, as revoltas múltiplas de regiões, províncias, camponeses, estudantes secundaristas, intelectuais, empregados, contra as autoridades e a Autoridade, as tentativas autonomistas, descentralizadoras, cogestionárias, autogestionárias, revolucionárias, o grande impulso (*élan*) para uma vida individual melhor e o grande impulso para modificar a relações de forças na empresa. Em um mês, que riqueza torrencial, fabulosa, que impulso de liberdade-igualdade-fraternidade esta retomada moderna da Revolução Francesa mesclada com sovietes russos e espanhóis, com surrealismo, com castrismo, com revolução cultural espontânea...

Precisaremos de anos e anos para compreender o que ocorreu. Mas já no calor dos acontecimentos aparecem linhas de força surpreendentes.

Primeiro, é um turbilhão no qual uma luta de classes etárias foi devastadora (jovens contra gerontes, jovens contra a sociedade adulta), mas que, ao mesmo tempo, desencadeou uma luta de classes, ou seja, uma revolta dos dominados, os trabalhadores. Na verdade, a luta jovens-velhos desencadeou, por *ressonância*, a luta trabalhadores-autoridade (patronal e estatal) não somente porque criou situações miméticas isomorfas (ocupação da Sorbonne-ocupação das fábricas, luta contra as autoridades universitárias-luta contra os patrões e o Estado-patrão), mas também porque a juventude foi transformada e marcada pela ideologia operarista (*ouvriériste*) que as minorias revolucionárias lhe infundiram. *Em suma, a luta das classes etárias desencadeou uma luta de classes sociais, sem deixar de ser luta de classes etárias.* É ao redor dessa dobra conflituosa juventude-liberdade/velhice-autoridade que se articula o conflito tradicional dirigidos-dirigentes, mas também o novo conflito revoltados-adaptados, onde vão fermentar os problemas da sociedade do bem-estar burguês e onde os revoltados vão se recusar a pagar o bem-estar com a automutilação ou com a letargia no seminirvana consumista.

Aqui o duplo caráter dessa revolução, tradicional e vanguardista, se encontra ligado ao fato de que a vanguarda estudantil, já padecendo dos males da sociedade do "bem-estar", fez sua revolta e suscitou a revolta popular falando a linguagem da revolução proletária marxista, vestindo-se inicialmente de operarismo (*ouvriérisme*) para esconder sua nudez agressiva e tímida, utilizando depois o trotskismo-leninismo como dialética de revolução permanente. A ligação estudante-operário não fez senão reencontrar a aliança das jornadas de 1830 e 1848: organizou e entredinamizou o vínculo entre a aspiração revolucionária do Ocidente da primeira metade do século XX e a da segunda metade do século XX. Toda energia extrema de Maio de 68 se encontra nessa ligação estudante-operário, ao mesmo tempo real, efetiva e mitológica.

Além disso, o duplo caráter, antigo e novo, de Maio de 68 encontra sua fonte na revolta arcaica – ou seja, primeira e fundamental –, desencadeada por toda brecha profunda no dique que reprime e destrói as energias humanas para transformá-las em trabalho e obediência. Foi a partir dessa revolta fundamental que puderam se exprimir, juntas e misturadas, as revoltas contra a sociedade capitalista e contra a sociedade tecnoburocrática, a reivindicação do bem-estar e a reivindicação daquilo que vai além do bem-estar. Assim, em Maio de 68, o que é oprimido na nova sociedade burguesa dá palavra ao que é oprimido na antiga (a antiga e a nova ainda estão profundamente comprometidas, misturadas) e fala a linguagem comum e equívoca da opressão. Uma revolução prematura se mistura com uma revolução tardia. Um equívoco (fecundo *ou* trágico, veremos ao final da aventura, mas, sem dúvida, fecundo *e* trágico ao mesmo tempo) liga e opõe a parte da consciência operária que quer se integrar no mundo burguês e a parte da consciência estudantil que quer desintegrar esse mundo.

Nessa mistura de pré-revoluções turbilhonantes, podemos tentar extrair as características mais modernas?

1) É a primeira vez que, numa sociedade ocidental economicamente evoluída e politicamente liberal do século 20º, um movimento ao mesmo tempo especificamente estudantil e especificamente juvenil desencadeia um vasto movimento em toda a sociedade. Esse movimento permite prenunciar o papel que poderá desempenhar:

a) A juventude enquanto força de ruptura, de rebelião e de renovação – que o fenômeno *hippie* ou *beatnik* nos Estados Unidos deixava entrever – na sociedade moderna.

b) A Universidade, que em breve incluirá cerca da metade da população juvenil, vai se encontrar, como bem indicou Alain Touraine, no núcleo central dos problemas da sociedade.

c) A *intelligentsia*, que reage com uma virulência crescente, de um lado, contra a organização tecnoburocrática à qual ela se encontra parcialmente presa, de outro, contra a própria vida burguesa.

O motor energético das futuras mutações parece estar, portanto, na aliança da *intelligentsia* e da juventude, no interior ou a partir das grandes e múltiplas concentrações universitárias.

2) Pela primeira vez aparece o drama da sociedade burguesa moderna dita "sociedade industrial". Os antigos valores tradicionais nos quais, até o presente, se acomodavam as sociedades burguesas foram corroídos pela dinâmica econômica e pela transposição dos valores para o individualismo privado, ou seja, para tudo o que é o niilismo, fora desse individualismo privado. Efetivamente, o nacionalismo se encolheu de maneira extraordinária: a parada de milhares de manifestantes, hasteando bandeira vermelha e bandeira preta sob o Arco do Triunfo, quase em cima da Lápide do Soldado Desconhecido, cantando "A Internacional", sem suscitar o gigantesco horror provocado pela profanação

do sagrado e pelo ataque ao tabu, ilustra bem a decadência do nacionalismo na sociedade individualista pacífica (sem problemas ou agressões exteriores). Do mesmo modo, a decadência dos valores paternos, a decadência dos valores de autoridade familiar, o recuo dos valores religiosos do campo da manutenção da ordem para o interior das almas e das consciências, tudo isso resulta finalmente não apenas numa sociedade extraordinariamente maleável e protoplásmica, exposta a punhaladas profundas, *mas também numa sociedade de comunidade muito fraca*, um agregado quase inorgânico, quase mecânico, em suma, que se desfaz no primeiro tremor. Descobre-se que a França, a despeito das afirmações nacionais vindas de cima, a despeito do general De Gaulle jogando solitariamente o jogo da França-persona no teatro do mundo – com brilhantismo, aliás –, era uma sociedade anônima, uma acumulação cibernética de engrenagens, uma *Gesellschaft* muito pouco cimentada por *Gemeinschaft*[69].

Em suma, numa tal sociedade, o messianismo subversivo-revolucionário da parte mais ardente do mundo estudantil e da *intelligentsia*, o jogo juvenil da revolução num mundo demasiadamente prosaico, a ausência de todo messianismo autojustificador na classe dirigente, em resumo, a crise, não econômica, mas, pelo contrário, humana da burguesia, tudo isso pôde provocar e permitir o cataclismo sociológico-político.

É muito possível que as consequências imediatas de Maio de 68 sejam negativas. Provavelmente consolidem um pouco mais o comunismo stalinista, que ganhará galardões de democracia social e de oposição firme e legal junto às camadas mais mal informadas ou menos reflexivas da população. O partido da ordem tirará lições novas do Grande Medo, manterá, por

---

[69] N. de T.: Respectivamente "sociedade" e "comunidade" em alemão.

algum tempo, seu rebanho mais bem reunido. Na própria minoria, quimeras impacientes de vanguarda vão reanimar os velhos fantasmas e misturar as vozes da crítica lúcida, que não pode ser obsessivamente fixada na sociedade em que vivemos e na idealização adocicada da sociedade que seria, aparente ou profundamente, o seu negativo, não tanto no sentido hegeliano quanto no sentido fotográfico do termo.

Todas essas bobagens virão precisamente da recusa de considerar de frente, em sua resistência e lentidão, o tempo histórico a longo prazo. É nessa perspectiva, no entanto, que Maio de 68 irradiará como um 1789.

É paradoxal, mas no fundo é o mesmo paradoxo de 1789 – quando esse país não estava de modo algum à frente da evolução econômico-social – que seja na França, e não nos Estados Unidos ou na Alemanha, por exemplo, que se situe finalmente a revolução-modelo, a revolução mais avançada – ao menos em seu estágio de Maio de 68, pois esse extremo avanço pode provocar também a extrema regressão por uma dialética à qual se habituou a história da França. É que, na verdade, os descontentamentos novos, mais fracos que outrora, e mal separados dos descontentamentos antigos, ao recolocarem os antigos descontentamentos com virulência, se fizeram impulsionar por eles, indo muito mais longe do que jamais foram no passado. A explosão política reintroduz então no mundo moderno, nos países prósperos, fermentos tradicionais de contestação, que, trabalhando o novo terreno, modificando-o e modificando-se, vão acelerar as mutações dos séculos XX e XXI, preparar a superação (*dépassement*) da civilização burguesa, caso a humanidade chegue a esse momento sob uma forma minimamente civil.

I.IV.
A revolução antecipada
por Cornelius Castoriadis

Maio de 68 na França já está gravado na história. Mas não faremos dele uma gravura. No momento em que estas linhas são escritas, a crise desencadeada há dois meses por alguns *enragés* de Nanterre estremece de alto a baixo a sociedade francesa. O funcionamento das instituições capitalistas burocráticas, aperfeiçoadas por séculos, está bloqueado. O chefe de Estado é obrigado a apelar à constituição de grupos privados de partidários para manter seu poder. As cabeças transtornadas dos geniais dirigentes de todas as alas vomitam somente o vazio que sempre as preencheu. Milhões de homens endurecem a sua luta e, desse modo, mostram que a questão da organização da sociedade se encontra posta. Talvez verão também que somente eles podem solucioná-la. Os homens estão criando a história, já o sentido daquilo que está ocorrendo permanece amplamente aberto. Não é nossa intenção fixá-lo, nem falar de um presente mais do que nunca vivo como de um passado morto. Mas, para transformar, é preciso compreender; para avançar, é preciso orientar-se.

O significado dos acontecimentos das quatro últimas semanas ultrapassa, em sua profundidade e em algumas de suas repercussões, o das lutas precedentes na França ou fora dela. Isso não somente em função dos nove milhões de trabalhadores em greve durante vinte dias, mas, sobretudo, devido ao conteúdo qualitativamente novo do movimento. Podemos encontrar antecedentes e germes em revoluções do passado – a Comuna de Paris, 1917; Catalunha, 1936; Budapeste, 1956. Mas é a primeira vez que, numa sociedade capitalista burocrática moderna, não é mais a reivindicação, mas a *afirmação* revolucionária mais radical que irrompe aos olhos de todos e se propaga pelo mundo. Tranquilamente, devemos nos deixar tomar pela seguinte ideia: seja qual for seu desenrolar, Maio de 68 abriu um novo período da história universal.

Não mais em teoria, mas nos atos; não por alguns dias, mas por semanas; não entre alguns iniciados, mas por dezenas e centenas de milhares de pessoas que as ideias fecundas, os atos organizadores, as formas exemplares da revolução moderna são difundidos e realizados. Encontram-se nos setores mais modernos da sociedade, mas lá também onde, ao mesmo tempo, podiam parecer os mais temerários e difíceis de realizar.

Em poucos dias, o movimento dos estudantes revolucionários propaga pelo país a contestação da hierarquia e começa sua demolição lá onde ela parecia mais evidente: no domínio do saber e do ensino. Proclama, e começa a realizar, a gestão autônoma e democrática das coletividades por si mesmas. Contesta, e abala consideravelmente, o monopólio da informação, detido pelos diversos centros de poder. Questiona não os pormenores, mas os fundamentos e a substância da "civilização" contemporânea: a sociedade de consumo, a separação entre o manual e o intelectual, o caráter sacrossanto da Universidade e de outros lugares eminentes da cultura capitalista burocrática.

São esses os pressupostos necessários para uma reconstrução revolucionária da sociedade. São essas as condições necessárias e suficientes para uma ruptura radical com o mundo capitalista burocrático. Em contato com essas pedras de toque se revela continuamente a natureza, revolucionária ou reacionária, dos indivíduos, grupos ou correntes em confronto.

Tanto quanto nos seus objetivos, é no seu modo de ação, no seu modo de ser e na unidade indissolúvel entre uns e outros que aparece a natureza revolucionária do movimento atual. De um dia para o outro, explode o imenso potencial criador da sociedade, comprimido e amordaçado pelo capitalismo burocrático. As ideias mais audaciosas e mais realistas – é a mesma coisa – são apresentadas, discutidas, aplicadas. A linguagem – achatada e esvaziada por décadas de *bla-bla-blá* burocrático, publicitário e cultural – resplandece inteiramente nova, e os homens dela se apropriam novamente em sua plenitude. Palavras de ordem geniais, eficazes, poéticas, jorram da multidão anônima. Os educadores são rapidamente educados; professores universitários e diretores de liceu ainda não se recuperaram da surpresa que lhes causa a inteligência de seus alunos e a descoberta do absurdo e da inutilidade daquilo que a estes era ensinado. Em poucos dias, jovens de vinte anos alcançam uma compreensão e uma sabedoria políticas que revolucionários honestos ainda não alcançaram depois de trinta anos de militância. No Movimento do 22 de Março, na Unef, no SNESup[70] aparecem líderes cuja clarividência e eficácia em nada ficam atrás das dos líderes de outrora, e que, sobretudo, se instauram numa relação nova com a massa: sem abdicarem de sua personalidade e de sua responsabilidade, eles são, não chefes geniais, mas expressão e fermento da coletividade.

O movimento, partilhando de um traço característico de toda revolução, se desenvolve e se fecunda durante sua fase ascendente (de 3 a 24 de maio). Ele provoca a entrada dos tra-

---

[70] Ver notas 22 e 60.

balhadores em greve, transforma a relação social de forças e a imagem que a população possui das instituições e das pessoas. Com um senso tático profundo, ele obriga gradualmente o Estado a desvelar sua natureza repressiva e policialesca e, mais do que isso: coloca em evidência na ordem estabelecida uma imensa desordem estabelecida. Ele mostra que a verdadeira substância da organização capitalista burocrática é a anarquia total. Força os reitores e os ministros a expor à vista de todos sua incoerência, sua incompetência, sua imbecilidade de função. Faz cair a máscara dos governantes como os "únicos capazes", mostrando-os como os principais incapazes. Ele desvela em todos os níveis das instituições – governo, parlamento, administração, partidos políticos – o vazio que nelas reina. Com as mãos nuas, os estudantes forçam o poder a mostrar, por detrás de suas solenidades, de sua grandeza e de suas bravatas, o *medo* que o toma, medo que só tem e só pode ter como recurso o cassetete e a granada. Ao mesmo tempo, o movimento leva as direções burocráticas "operárias" a revelarem-se como os últimos fiadores da ordem estabelecida, associados inteiramente à sua incoerência e anarquia. A carne das camadas dirigentes da França foi rasgada profundamente e não cicatrizará tão cedo.

O presente movimento é profundamente moderno, visto que dissipa a mistificação da bela sociedade, bem azeitada, onde já não existiria conflito radical, mas apenas alguns problemas marginais. Essa comoção violenta não ocorre nem no Congo, nem na China, nem na Grécia – mas num país onde o capitalismo burocrático contemporâneo se encontra bem estabelecido e florescente, onde administradores muito cultos tudo administraram, e planificadores inteligentíssimos tudo previram. Mas também é moderno porque permite eliminar uma multidão de escórias ideológicas que obstruíam a atividade revolucionária.

Não foi a fome à qual o capitalismo condenaria os homens que o provocou, nem uma "crise econômica" que de perto ou de longe o influenciou. Nada tem a ver nem com o "subconsumo", nem com a "sobreprodução", nem com a "queda da taxa de lucro". Também não foi em reivindicações econômicas que ele se concentrou; ao contrário, somente ao exceder as reivindicações econômicas às quais o sindicalismo estudantil havia por muito tempo se limitado – com a benção dos partidos de "esquerda" – que se tornou o que é. E, inversamente, foi assegurando a limitação do movimento dos assalariados às reivindicações estritamente econômicas que as burocracias sindicais tentaram e tentam reduzir a fratura do regime.

O que o presente movimento revela como contradição fundamental da sociedade capitalista burocrática não é a "anarquia do mercado", a "antinomia entre o desenvolvimento das forças produtivas e as formas de propriedade" ou entre a "produção coletiva e a apropriação privada". O conflito central em torno do qual todos os outros se ordenam se revela como o conflito entre dirigentes e executores. A contradição intransponível que organiza o dilaceramento desta sociedade se manifesta na necessidade de o capitalismo burocrático excluir os homens da gestão de suas próprias atividades *e* sua impossibilidade de consegui-lo (se conseguisse, desabaria imediatamente e por consequência desse mesmo fato). Sua expressão humana e política encontra-se no projeto dos burocratas de transformar os homens em objetos (quer seja pela violência, a mistificação, a manipulação, os métodos de ensino ou os engodos "econômicos") e na recusa dos homens em se deixar transformar.

No presente movimento se pode ver com clareza o que todas as revoluções mostraram, mas que é preciso aprender outra vez. Não há "bela" perspectiva revolucionária de "crescimento gradual das contradições" e de "acumulação progressiva de uma consciência revolucionária das massas". Há a contradição e o conflito intransponíveis do qual acabamos de falar e o fato de esta sociedade ser obrigada a produzir, periodicamente, "acidentes" inelutáveis que bloqueiam seu funcionamento e fazem a luta dos homens contra a sua organização. O funcionamento do capitalismo burocrático cria as *condições* de uma tomada de consciência, materialmente encarnadas na própria estrutura da sociedade alienante e opressiva. Quando os homens são levados a lutar, é essa estrutura social que são obrigados a questionar; especialmente porque o anarcodespotismo burocrático põe constantemente o problema da organização da sociedade como um problema explícito ante os olhos de todos.

Certamente o movimento apresenta, também, uma antinomia característica: profundamente moderno em seus objetivos e nas camadas que o animam, encontra suas matérias inflamáveis no setor em que as estruturas do capitalismo francês continuam arcaicas, numa universidade cuja organização data de séculos. Essas estruturas como tais não são típicas, pelo contrário. As universidades anglo-saxãs estão "modernizadas" – o que de nenhum modo as impede de estarem expostas aos mesmos conflitos; vimo-lo com os acontecimentos de Berkeley, nos Estados Unidos, ou da *London School of Economics*, no Reino Unido. Mas o que é típico é precisamente a incapacidade constitucional e recorrente da sociedade capitalista burocrática de se "modernizar" sem crise profunda – como o mostram, em outros planos, a questão do campesinato na França, a dos negros nos Estados Unidos e mesmo a do subdesenvolvimento em escala mundial. Por meio dessas crises a cada vez se encontra posta a questão da organização total da sociedade.

Por fim, é fundamental que o núcleo ativo do movimento tenha sido a juventude – mais particularmente a estudantil, mas também a das outras categorias sociais. Toda a gente o sabe, e mesmo o governo fica de olhos marejados quando fala disso. Mas o sentido desse fato não pode ser captado por nenhuma das instituições e organizações existentes, de direita ou de esquerda. A juventude não quer ocupar o lugar de seus antepassados num sistema aceito; ela vomita esse sistema, o futuro que ele lhe propõe e todas as suas sucursais, ainda que sejam "de esquerda". A juventude não se encontra enredada num conflito de gerações, mas num conflito social do qual ela é um dos polos, porque recusa e rejeita o conjunto dos marcos e dos valores da desordem estabelecida. Voltaremos a falar disso na segunda parte deste texto.

Tudo isso – e sem dúvida muitas outras coisas que por ora não temos tempo de dizer e até somos incapazes de ver –, nos próximos meses e anos, será necessário elaborar, aprofundar, mostrar a todos seu sentido. Mas, por enquanto, a urgência está em outro lugar.

Necessidade de um movimento revolucionário organizado

A partir do momento em que o movimento estudantil levou a uma greve praticamente geral; mais ainda, a partir do momento em que a base dos trabalhadores rejeitou a inacreditável falcatrua dos acordos de Grenelle, essa crise se tornou, objetivamente, a crise total do regime e da sociedade. Mas, ao mesmo tempo, para além do bloqueio das instituições e da nulidade das "direções" políticas, apareceu o *vazio político absoluto* existente no país.

Nós retornaremos à análise dessa crise e às possíveis perspectivas que ela abre. Mas desde já uma coisa é certa: a revolução deve adquirir um rosto. A revolução deve fazer ouvir sua voz. Para com isso contribuir, um movimento revolucionário de um tipo novo é indispensável e *agora* possível. E isso independentemente de qualquer "previsão": seja qual for o resultado dos acontecimentos, o sentido e a necessidade de um tal movimento são evidentes.

Podemos nos voltar às últimas semanas e nos dizer que tudo teria ocorrido de outra maneira se houvesse existido um movimento revolucionário suficientemente forte para contrariar as manobras burocráticas, escancarar a duplicidade das "direções" de esquerda dia após dia, expor aos operários o sentido profundo das lutas estudantis, propagar a ideia de constituição de comitês autônomos de greve primeiro, de conselhos operários em seguida, da retomada da produção por conselhos operários por fim. É verdade que, em todos os níveis, incomensuráveis coisas deveriam ter sido feitas, mas não puderam sê-las porque esse movimento não existia. É verdade que, como a experiência do desencadeamento das lutas estudantis também o demonstrou, esse movimento teria podido desempenhar um papel capital de catalisador, de enzima, de gazua, sem para isso transformar-se em uma "direção" burocrática de massas, mas antes mantendo--se como instrumento de sua luta e como sua fração provisoriamente mais lúcida. Mas essas digressões e arrependimentos são fúteis. Não só a existência material de um tal movimento não é um acaso, mas, se tivesse existido, se tivesse sido formado durante o período precedente, certamente ele não teria sido o movimento de que falamos. Podemos tomar a "melhor" das pequenas organizações que existiam, multiplicar os seus efetivos por mil, e em nada ela teria podido corresponder às exigências e ao espírito da presente situação. Verificamo-lo nos acontecimentos: os grupos existentes de extrema esquerda nada souberam fazer além de tocar interminavelmente as fitas cassete gravadas como de uma vez por todas em suas entranhas. Pela mesma razão, de nada serviria tentar reconciliar esses grupos num conjunto. Quaisquer que tenham podido ser, a títulos e graus diversos, os seus méritos como conservadores das cinzas frias da revolução por décadas, eles se mostram ainda, frente aos desafios dos acontecimentos, incapazes de sair de sua rotina ideológica e prática, inaptos a aprender ou a esquecer o que quer que seja.

A tarefa urgente do momento é a constituição de um novo movimento revolucionário a partir das recentes lutas e da sua experiência total. O caminho dessa constituição passa pelo reagrupamento dos jovens estudantes, operários e outros que se uniram nessas lutas, sob bases ideológicas e organizacionais que terão de ser definidas pelos mesmos.

Nessa constituição, os estudantes revolucionários têm uma responsabilidade primordial. Os problemas postos pelo movimento estudantil e as respostas que lhes deu vão muito além das universidades: eles têm um significado para o conjunto da sociedade, e, por isso, os estudantes revolucionários devem agora assumir suas responsabilidades universais.

Caso contrário, a consequência seria o isolamento e, finalmente, a derrota do movimento estudantil. Seria o triunfo da linha comum a Pompidou e a Séguy[71]: que cada um fique no seu lugar, que os estudantes se ocupem dos seus assuntos e os

---

[71] N. de E.: Georges Séguy (1927-2016), militante comunista, membro da Resistência Francesa e histórico líder da CGT. A referência se explica pela posição [aparentemente] antagônica dele em relação a Pompidou, então primeiro-ministro.

trabalhadores dos deles, o que permitiria ao governo e às "direções" políticas se ocuparem dos assuntos da sociedade.

Mas o movimento dos estudantes revolucionários não pode desempenhar um papel geral se mantendo exclusivamente estudantil. Isso seria o mesmo que querer agir "do exterior" sobre as outras camadas sociais, atitude ao mesmo tempo falsa e estéril. O movimento estudantil já agiu "do exterior" sobre as outras camadas dando-lhes o exemplo, reensinando-lhes o sentido da luta, induzindo à greve geral. Sob outras formas, poderá e deverá continuar a desempenhar esse papel. Mas não pode, se continuar a ser unicamente estudantil, dar à sociedade aquilo que acima de tudo falta no momento atual: uma palavra plena (*parole pleine*) e coerente que mande pelos ares o vazio dos palavreados políticos. Nem pode transpor ou introduzir do exterior, nas outras camadas sociais, aquilo que constituiu sua fecundidade e eficácia em seu próprio terreno: objetivos que correspondem aos objetivos profundos dos interessados, uma ação que emana de uma coletividade orgânica.

A passagem do movimento de Nanterre ao movimento no conjunto do ensino já exigiu uma transformação do terreno, das formas, dos objetivos, da organização da luta. A passagem do movimento estudantil a um movimento global exigirá uma transformação qualitativamente muito mais importante – e muito mais difícil.

Essa dificuldade – que se constata em mil sinais desde 13 de maio – se deve a muitos fatores organicamente ligados.

O movimento estudantil logrou o êxito, a realidade e a alegria num terreno que era naturalmente o seu: as faculdades e os bairros universitários. Dizer que ele deve passar à verdadeira política ante a sociedade global é aparentemente roubar-lhe esse terreno de debaixo dos pés sem lhe oferecer de imediato um outro comparável.

Ele provou sua eficácia, mostrou um senso tático admirável, com métodos de ação que presentemente não podem ser transpostos, como tais, à escala social.

Ele causou um curto-circuito nos problemas – particularmente difíceis – da organização, porque agia em coletividades profissional e localmente concentradas e unificadas – e agora ele é obrigado a enfrentar a heterogeneidade e a diversidade social e nacional.

É compreensível que, nessas condições, muitos estudantes revolucionários recusem o que lhes parece o abandono puro e simples daquilo que demonstrou ser, até agora, o único terreno fecundo.

É por isso que o movimento estudantil tem manifestado constantemente tendências a uma fuga para a frente – que não é senão uma fuga para o lado e que corre o risco de acabar se tornando uma fuga para trás. Essas tendências decorrem de uma falsa imagem da situação. Ainda não existem, nas camadas assalariadas, as virtualidades explosivas que existiam há um mês na massa dos estudantes. Buscar perpetuar artificialmente as condições de meados de maio pode conduzir apenas a fantasmas coletivos sem apoio sobre o real, a apostas de tudo ou nada espasmódicas que, longe de serem exemplares, nada ensinarão a ninguém.

Mas essas dificuldades ligam-se a outras, muito mais profundas, porque remetem aos problemas últimos, aos pontos de interrogação últimos da atividade revolucionária e da própria revolução. Ao expressá-las em seu comportamento, os estudantes revolucionários dão prova de uma maturidade que demanda tratamento condigno: falar-lhes sem reservas e sem rodeios.

Os estudantes revolucionários sentem uma antinomia entre a ação e a reflexão; entre a espontaneidade e a organização; entre a verdade do ato e a coerência do discurso; entre a imaginação e o projeto. É a percepção dessa antinomia que, conscientemente ou não, motiva sua hesitação.

Ela é alimentada por toda a experiência precedente. Como outros por décadas, eles viram em alguns meses ou semanas a reflexão tornar-se dogma estéril e esterilizante; a organização tornar-se burocracia ou rotina inanimada; o discurso transformar-se em moinho de palavras mistificadas e mistificadoras; o projeto degenerar em programa rígido e estereotipado. Eles romperam esses grilhões por meio de seus atos, de sua audácia, de sua recusa das teses e das plataformas, de sua coletivização espontânea.

Mas não podemos ficar por aqui. Aceitar essa antinomia como válida, como última, como intransponível, é aceitar a própria essência da ideologia capitalista burocrática, é aceitar a filosofia e a realidade existentes, é recusar a transformação real do mundo, é integrar a revolução na ordem histórica estabelecida. Se a revolução for *somente* explosão de alguns dias ou semanas, a ordem estabelecida (saiba ou não saiba, queira ou não queira) a ela se acomoda muito bem. Mais ainda, ao contrário do que se crê, a ordem social tem profunda necessidade disso. Historicamente, é a revolução que permite ao mundo da reação sobreviver transformando-se, adaptando-se – e hoje corremos o risco de assistir a uma nova demonstração disso. São essas explosões que rompem o meio imaginário e irreal onde, por sua própria natureza, a sociedade de alienação tende a encerrar-se, obrigando-a a encontrar – ainda que por meio da eliminação dos opressores de ontem – novas formas de opressão mais bem adaptadas às condições de hoje.

Que a sociedade possa revoltar-se, viver dias e semanas de embriaguez lúcida e de criação intensa, sabe-se desde sempre. O velho Michelet escrevia a propósito da Revolução Francesa: "Naquele dia, tudo era possível [...], o porvir era presente [...] o tempo, suspenso, um clarão da eternidade." Mas se é apenas um clarão, os burocratas reaparecerão logo depois, com suas lanternas furta-fogo[72] (*lanternes sourdes*) como únicas fontes de luz. Que a sociedade, ou uma de suas seções, seja capaz, por um instante, de rasgar os véus que a envolvem e saltar para lá de sua sombra, não é aí que reside o problema. Aí ele está tão somente *posto*; é *por isso* que está *posto*. Não se trata de viver uma noite de amor. Trata-se de viver toda uma vida de amor. Se hoje encontramos, diante de nós, Waldeck Rochet e Séguy, não é porque os operários russos tenham sido incapazes de derrubar o Antigo Regime. É, ao contrário, porque foram capazes – *e* não puderam instalar, instituir o seu próprio poder.

Deixar-se fechar no dilema – o momento de explosão criadora e a duração fadada à alienação – é manter-se prisioneiro da ordem estabelecida. Aceitar o terreno onde esse dilema pode ser posto é aceitar os pressupostos últimos da ideologia dominante há milênios. É ser a Santa Teresa da Revolução, disposta a pagar com anos de aridez os raros instantes de graça.

Aceitar que o ato exclui a reflexão é implicitamente admitir que toda reflexão não tem objeto verdadeiro. Como o homem não pode passar sem isso, é, portanto, entregar o campo da reflexão aos mistificadores e ideólogos da reação.

---

[72] N. de T.: Lanterna com dispositivo que impede que seja iluminada a pessoa que a conduz, permitindo a seu portador ver sem ser visto e, segundo sua vontade, esconder inteiramente a luz sem apagá-la.

Aceitar que espontaneidade e organização se excluem, é entregar o campo da organização – sem o qual nenhuma sociedade pode sobreviver um só dia – aos burocratas.

Aceitar que racionalidade e imaginação se excluem mutuamente, é nada ter compreendido de uma e de outra. Onde a imaginação ultrapassa o devaneio e o delírio e alcança resultados duráveis é por constituir novas formas universais; onde a racionalidade é razão criadora e não repetição vazia é por se alimentar de fontes imaginárias das quais nenhuma pseudorracionalidade "científica" pode dar conta.

Como a seriedade permanente é o cúmulo do grotesco, a festa permanente é a tristeza sem fim. Aceitar a antinomia seriedade-festa como absoluta é aceitar a civilização dos lazeres. É cortar a vida numa porção "séria", entregue aos organizadores, e numa porção "gratuita", entregue aos vendedores de prazer e de espetáculo – que bem poderiam ser, no limite, os *happenings* revolucionários.

Se a revolução socialista tem um sentido, certamente não é o de substituir os burgueses por burocratas "operários". Seria, no entanto, a isso que chegaria inelutavelmente caso se recusasse a afrontar esses problemas.

Se a revolução socialista pode avançar, não é "fazendo a síntese" dessas antinomias ou "superando-as". É destruindo o próprio terreno em que elas surgem inevitavelmente.

Poderá a sociedade humana realizar essa passagem? Passagem não para um mundo sem problemas – mas para um mundo que terá deixado para trás *estes* problemas? Não o sabemos – e sob esta forma a questão não tem hoje qualquer interesse. Somente a ação nesta direção tem um sentido – que se pense, como nós, que esta passagem é possível, ou que se pense, como outros podem pensar, que somente esta ação introduz na História o mínimo de movimento e de verdade que ela pode tolerar. Fora disso, não se pode ser mais do que consumidor ou *fora da lei* (*desperado*). Mas em uma sociedade de consumo, os *fora da lei* rapidamente são transformados em objetos de consumo.

Muitos estudantes revolucionários cedo se preocuparam com o perigo de "captação" ("*récupération*") do movimento pelas velhas forças. Mas o perigo de se captar uma explosão que permanece simples explosão também é grande, senão maior.

Aquele que tem medo da captação já está capturado (*récupéré*). Capturado na sua atitude, pois bloqueado. Capturado na sua mentalidade mais profunda, pois procurando garantias contra a captação já se encontram apanhados pela armadilha ideológica reacionária, à procura de um talismã, de um amuleto anticaptação. Não há *nenhuma* garantia contra a captação, pois, em certo sentido, tudo pode ser captado e tudo o é mais cedo ou mais tarde. Pompidou cita Apollinaire, Waldeck Rochet intitula-se comunista, há para Lenin um mausoléu, enriquece-se vendendo Freud, o Primeiro de Maio é festa oficial. Mas, também, os captores só captam cadáveres. Para nós, contanto que estejamos vivos, sempre nos fala de novo a voz de Apollinaire, sempre se agitam as linhas do *Manifesto Comunista*, nos fazendo entrever o abismo da história, sempre o "Retomai o que vos foi tomado" ressoa em nossos ouvidos, sempre o "Onde estava Isso, Eu devo advir"[73] nos recorda a sua exigência inultrapassável, sempre o sangue dos operários de Chicago simultaneamente perturba e aclara nosso olhar. Tudo pode ser captado exceto uma coisa: nossa própria atividade refletida, crítica, autônoma.

---

[73] N. de T.: "*Où était ça, je dois advenir*". Modo de Castoriadis de traduzir a célebre sentença de Freud: "*Wo Es war, soll Ich werden*" (tirada de *O Eu e o Isso* ou *O Ego e o Id*, obra de 1932)

Combater a captação é estender essa atividade para além do aqui e agora, é dar-lhe uma forma que veicule seu conteúdo para sempre e a torne para sempre incapturável – isto é, reconquistável pelos vivos em sua verdade sempre nova.

Não evitaremos a captação recusando a nos definir. Não evitaremos o arbitrário recusando a nos organizar coletivamente, antes vamos ao seu encontro. Quando, numa assembleia de duzentas pessoas, alguém propõe um panfleto contendo dezenas de palavras de ordem tais como a supressão dos arrendamentos agropecuários (*cheptel*) e a nacionalização da família (ou o contrário, isso não tem nenhuma importância no contexto) e em conclusão lhe autorizam a publicar seu panfleto em nome de seu comitê de ação de 22 de Março: isso é a negação da burocracia ou o poder arbitrário da incoerência (momentânea) de uma pessoa imposta a toda uma coletividade que suportará as consequências?

(Para aqueles que preferem a linguagem filosófica: certamente é necessário que o movimento mantenha e amplie o máximo possível sua abertura. Mas a abertura não é e jamais pode ser abertura absoluta. A abertura absoluta é o nada, isto é, imediatamente fechamento absoluto. A abertura é aquilo que constantemente desloca e transforma seus próprios termos e mesmo seu próprio campo, mas só pode existir se, a cada instante, apoiar-se sobre uma organização provisória do campo. Um ponto de interrogação isolado nada significa, nem mesmo uma interrogação. Para significar uma interrogação, ele deve ser precedido de uma frase e colocar alguns de seus termos como possuidores de um sentido que por ora não está em causa. Uma interrogação coloca em questão certas significações, afirmando outras – com o risco de voltar em seguida a estas).

Os estudantes revolucionários tiveram a experiência dos grupúsculos (*groupuscules*) tradicionais, prisioneiros das estruturas ideológicas e práticas do capitalismo burocrático no que elas têm de mais profundo: os programas fixados de uma vez por todas, os discursos repetitivos seja qual for a realidade, as formas de organização calcadas nas relações constituídas pela sociedade existente. Estes grupúsculos reproduzem em seu seio a divisão dirigentes-executores, a cisão entre aqueles que "sabem" e aqueles que "não sabem", a separação entre uma pseudo--"teoria" escolar e a vida. Essa divisão, essa cisão, também querem estabelecê-las em relação à classe operária, da qual todos aspiram a se tornar "dirigentes".

Quando julgamos que basta simplesmente tomar a contrapartida desses termos, a negação de cada um, para estar na verdade, decerto não saímos desse universo, mas nele nos encerramos. Não se ultrapassa a organização burocrática pela recusa de toda e qualquer organização; a rigidez estéril das plataformas e dos programas pela recusa de toda e qualquer definição dos objetivos e dos meios; a esclerose dos dogmas mortos pela condenação da verdadeira reflexão teórica.

É verdade que essa saída é difícil; que o caminho é muito estreito. O próprio de uma crise tão profunda como a que atravessa neste momento a França é que toda a gente ande no fio da navalha. E os revolucionários tanto e mais que todos os outros. Para o governo, para o patronato, para os dirigentes burocratas, se trata de suas posições, de seu dinheiro, no limite, de sua cabeça – quer dizer, de quase nada. Para nós, o perigo é maior, pois se trata de nosso ser de revolucionários. O que arriscamos atualmente é muito mais que a nossa pele: é o significado mais profundo daquilo por que lutamos e daquilo que nós somos, que depende da possibilidade de fazer daquilo que ocorreu outra coisa que uma explosão momentânea, de constituí-lo sem lhe fazer perder a vida, de lhe dar um rosto que se move e vê, em suma, de destruir os dilemas e antinomias já descritos e o terreno em que surgiram.

A experiência recente já mostra a via que conduz a este ponto. Uma minoria revolucionária deve ou não "intervir", por quais meios e até que ponto? Se os poucos *enragés* de Nanterre primeiro, o Movimento do 22 de Março em seguida e, por fim, uma quantidade de estudantes revolucionários não tivesse "intervindo", é evidente que nada disso que se passou haveria tido lugar; assim como é evidente que essas intervenções dificilmente teriam tido efeito se uma parte importante da massa dos estudantes não estivesse virtualmente pronta a agir. A intervenção de uma minoria que assume suas responsabilidades, que age com a mais extrema audácia mas sente até onde a massa quer e pode ir, torna-se assim um catalisador e um revelador que deixa para trás o dilema voluntarismo-espontaneísmo.

Do mesmo modo, as reivindicações apresentadas a respeito das universidades são "mínimo" ou "máximo", "reformistas" ou "revolucionárias"? Num sentido, segundo a linguagem tradicional, elas podem parecer "revolucionárias", visto que não poderiam ser realizadas sem uma reviravolta do sistema social (não pode haver "socialismo numa só universidade"). A outros olhos, as reivindicações parecem "reformistas", precisamente pelo fato de que parecem dizer respeito apenas à Universidade que, subsidiariamente, se poderia conceber como uma forma edulcorada de realização, que delas se apropriaria para o melhor funcionamento da sociedade presente (o que faz com que alguns tendam a denunciá-las ou a se desinteressar delas). Mas é essa própria distinção que, neste caso, é falsa. Essas reivindicações têm seu sentido profundo e positivo noutra parte: aplicáveis em parte no quadro do regime atual, elas tornam possível recolocá-lo constantemente em questão; sua aplicação suscitará imediatamente novos problemas; apresentará cada dia aos olhos horrorizados de uma sociedade hierárquica o escândalo de bacharéis e de sumidades científicas discutindo em conjunto o conteúdo e os métodos de ensino; ajudará a formar homens para os quais, ainda que fosse apenas parcialmente, a concepção do mundo social, das relações de autoridade, da gestão das atividades coletivas se verá transformada.

É no espírito que emana desses exemplos que é preciso abordar os problemas que coloca a constituição de um movimento revolucionário.

Propostas para a constituição imediata de um movimento revolucionário

O movimento não pode existir, a não ser que se defina; e ele só pode continuar caso se recuse a se imobilizar em uma definição dada de uma vez por todas.

Evidentemente, o movimento deve definir e estruturar a si mesmo. Se, como é de pensar, ele for chamado a ampliar e a desenvolver as suas ideias, suas formas de ação e suas estruturas de organização conhecerão uma transformação constante, em função de sua experiência e de seu trabalho, como também da contribuição daqueles que virão a ele se juntar. Não se trata de fixar de uma vez por todas o seu "programa", seus "estatutos" e sua "lista de atividades", mas de *começar* o que deverá ser uma autodefinição e auto-organização permanente.

...*Princípios*. Tanto para a reconstrução socialista da sociedade como para seu próprio funcionamento interno e para condução de suas atividades, o movimento deve inspirar-se nas seguintes ideias:

Nas condições do mundo moderno, a supressão das classes dominantes e exploradoras exige não somente a abolição da propriedade privada dos meios de produção, mas também a eliminação da divisão dirigentes-executores enquanto camadas sociais. Por conseguinte, o movimento combate essa divisão onde quer que a encontre e não a aceita em seu seio. Pela mesma razão, combate a hierarquia em todas as suas formas.

O que deve substituir a divisão social entre dirigentes e executores e a hierarquia burocrática na qual se encarna é a autogestão, a saber, a gestão autônoma e democrática das diversas atividades pelas coletividades que as realizam. A autogestão exige: o exercício do poder efetivo pelas coletividades interessadas em seu domínio, isto é, a democracia direta a mais ampla possível; a eleição e a revogabilidade permanente de qualquer delegado a qualquer responsabilidade particular; a coordenação das atividades por comitês de delegados igualmente eleitos e revogáveis a qualquer momento.

O exercício efetivo da autogestão implica e exige a circulação permanente da informação e das ideias. Ele exige igualmente a supressão das compartimentações entre categorias sociais. É, por fim, impossível sem a pluralidade e a diversidade das opiniões e das tendências.

Estruturas de organização. – As estruturas de organização do movimento resultam imediatamente destes princípios:

↬ Constituição de grupos de base com dimensões que permitam ao mesmo tempo uma divisão eficaz das tarefas e uma discussão política fecunda;

◆ Coordenação das atividades gerais dos grupos de base pelos comitês de coordenação formados por delegados eleitos e revogáveis;

◆ Coordenação das atividades referentes a tarefas específicas por comissões correspondentes, formadas igualmente por delegados eleitos e revogáveis;

◆ Comissões executivas técnicas, sob o controle político dos comitês de coordenação;

◆ Assembleias gerais deliberativas comuns de todos os grupos de base, tão frequentes quanto as condições permitirem.

Funcionamento interno. – De início, duas ideias essenciais:

◆ A tarefa dos órgãos gerais (comitês de coordenação, comissões especializadas) deve ser sobretudo a de coletar as informações e de retransmiti-las no movimento; a dos órgãos de base, sobretudo, decidir. É essencial inverter o esquema capitalista-burocrático (no qual as informações somente sobem e as decisões somente descem).

◆ É uma tarefa permanente do movimento organizar e facilitar a participação ativa de todos na elaboração da política e das ideias e na tomada de decisões com conhecimento de causa. Se isso não for feito, uma divisão entre "políticos" e "executores" reaparecerá rapidamente. Para combatê-la, não se trata de proceder a uma "alfabetização política" de modelo burguês tal como as organizações tradicionais o aplicaram, mas de ajudar os militantes a refletir criticamente a partir de sua própria experiência com métodos de autoformação política ativa.

Formas de ação. – Elas podem ser definidas apenas no decorrer dos acontecimentos e em campos concretos. Mas seu sentido geral deve ser ajudar os trabalhadores a lutar por objetivos do tipo dos definidos anteriormente e organizarem-se em bases análogas.

Contudo, um certo número de *tarefas imediatas* deve ser definido e realizado imediatamente. São elas, na ordem lógica e temporal:

1º. *Organizar-se* segundo estas diretrizes ou ao menos segundo linhas que permitam ao movimento decidir coletivamente sua organização e orientação.

2º. Produzir o mais rapidamente possível um *jornal*. A importância do jornal é imensa, e não somente no domínio da informação, da propaganda e da agitação. Ela reside sobretudo no seguinte:

↝ O jornal pode e deve ser um *organizador coletivo*. Na etapa atual, é o único meio de responder à demanda dos camaradas de diversos lugares e meios que quiserem se organizar com o movimento. Pela simples reprodução dos princípios de orientação e de organização do movimento e pela descrição de suas atividades, o jornal permitirá às pessoas responder à questão: o que fazer? Organizando-se elas mesmas e estabelecendo contato com o movimento sem que este tenha necessidade de "organizá-las", o que seria ao mesmo tempo difícil e discutível.

↝ O jornal pode ser um instrumento essencial para a superação da possível divisão *no seio do movimento* entre "políticos" e "simples militantes", assim como *entre* o movimento e o exterior. Ele pode fazer isso não somente permanecendo aberto a todos, mas *a)* organizando a participação ativa dos grupos de base na sua redação (com os grupos de base assumindo a responsabilidade de rubricas definidas do jornal); *b)* abrindo amplamente suas colunas a seus leitores e suscitando a sua participação (não somente publicação de contribuições e cartas, mas também organização sistemática de entrevistas gravadas, etc.).

3º. Explicar por toda parte e por todos os meios (reuniões, jornal, panfletos, mais tarde brochuras, etc.) o sentido profundo e universal da ação dos estudantes e de seus objetivos:

⌁ O que significa a exigência de *gestão coletiva*, a luta *contra a divisão dirigentes-executores, contra a hierarquia*, a explosão da *atividade coletiva dos jovens*, sua *auto-organização*. Todos os temas da revolução socialista podem e devem ser desenvolvidos de modo vívido, à luz da experiência de Maio de 68 a partir destes pontos;

⌁ O que significa a luta *contra a cultura capitalista-burocrática*, que deve tornar-se um ataque contra os fundamentos da "civilização" moderna: separação do trabalho produtivo e dos lazeres; o absurdo da sociedade de consumo; a monstruosidade das vidas contemporâneas; os efeitos da cisão total entre trabalho manual e trabalho intelectual, etc. Tudo isso está latente na população, mas, fora dos meios "intelectuais", não chega a articular-se e exprimir-se.

4º. Participar, levando-a o mais longe possível, da demolição da universidade burguesa e transformá-la, tanto quanto se possa, em foco de contestação da desordem estabelecida. É preciso dedicar-se a essa tarefa capital sem ilusão e sem hesitação. A autogestão da Universidade tem um caráter exemplar. Pouco importa o que restará dela a longo prazo se o movimento refluir; e, se retroceder, ela será novamente uma base para começar. A autogestão da Universidade pode e deve tornar-se uma ferida incurável nos flancos do sistema burocrático, um catalisador permanente aos olhos dos trabalhadores.

5º. Encostar contra a parede os aparelhos burocráticos e políticos já relativamente debilitados pela autogestão. Cada vez que alguém se apresenta como "dirigente" ou "representante", é preciso questioná-lo: de onde e de quem obtém seu poder? Por que meios o obteve? Como o exerce? Deve-se circunstancialmente incitar os trabalhadores – sem deixar qualquer ilusão sobre o sindicato como tal – a unirem-se à CFDT[74], menos burocratizada e mais permeável em sua base às ideias do movimento, mas também e sobretudo para instalar esta questão e esta exigência: a autogestão não é apenas boa para o exterior, também é boa para a seção sindical, a federação e a confederação.

As etapas da crise

Não é nossa intenção fazer aqui a história das lutas das últimas semanas. Mas é preciso resgatar alguns elementos de sua significação que parecem não percebidos por todos e cujo alcance ultrapassa o imediato.

A crise atravessou quatro etapas claramente distintas:

1º. *De 3 a 14 de maio*, o movimento estudantil, até então limitado a Nanterre, se amplifica bruscamente, alcança o país inteiro e, após os combates de rua, a noite de 11 de maio e a manifestação do dia 13, culmina na ocupação generalizada das universidades.

2º. *De 15 a 27 de maio*, começando em Sud-Aviation[75] (Nantes), irrompem e se estendem rapidamente greves espontâneas

---

[74] N. de T.: Ver nota 64.

[75] N. de E.: Empresa aeronáutica francesa nascida da fusão entre a SNCASE (ou *Société nationale des constructions aéronautiques du sud-est*) e a SNCASO (ou *Société nationale des constructions aéronautiques du sud-ouest*) em 1º de março de 1957.

com ocupação dos locais. É apenas na tarde do dia 17, após as paralisações espontâneas em Billancourt[76], que as direções sindicais saltam no trem em movimento e conseguem tomar o controle do movimento para, finalmente, concluírem com o governo os acordos de Grenelle.

3º. *De 28 a 30 de maio*, após a rejeição brutal da trapaça dos acordos de Grenelle pelos trabalhadores, direções sindicais e partidos "de esquerda" tentam deslocar os problemas para o nível das negociatas "políticas", enquanto a decomposição do aparelho governamental e estatal chega a seu extremo.

4º. *A partir de 31 de maio*, as camadas dominantes recompõem-se, De Gaulle dissolve a Assembleia e ameaça os grevistas. Comunistas, aliados (*féderés*) e gaullistas concordam em representar a farsa eleitoral, ao passo que as direções sindicais retiram as "condições prévias" gerais da negociação e tentam concluir o mais rápido possível acordos por ramos de atividades. A polícia empreende a reocupação dos locais de trabalho, começando pelos serviços públicos.

A *primeira etapa* da crise é dominada exclusivamente pelo movimento estudantil. Sem voltar a seu significado, é necessário indicar as razões de sua extraordinária eficácia.

Elas se encontram primeiramente no conteúdo radical de seus objetivos políticos. Enquanto, há anos, o sindicalismo estudantil e os partidos "de esquerda" mendigavam centavos (bolsas de estudo, locais, etc.), os estudantes de Nanterre primeiro, e depois os do país inteiro, levantaram a questão: quem controla a Universidade, e o que é a Universidade? A isso responderam: nós queremos controlá-la para fazer dela algo diferente do que é. Enquanto, durante anos, se lamentava a pequena porcenta-

---

[76] N. de E: Ver nota 32.

gem de filhos de operários na Universidade – como se nos países em que essa porcentagem é muito maior a Universidade e a sociedade tivessem mudado de caráter! –, eles abriram a Universidade à população trabalhadora. Enquanto, por anos, se pedia mais professores, eles colocaram em questão a própria relação professor-aluno. Atacaram assim as estruturas hierárquico-burocráticas da sociedade precisamente onde pareciam mais bem fundadas aos olhos do senso comum, onde o sofisma "o saber dá direito ao poder" (e o poder possui por definição o saber) parece inatacável. Mas se estudantes do primeiro ano podem ter voz deliberativa quanto aos programas e métodos de trabalho tanto quanto professores renomados, em nome de que se ousaria negar aos trabalhadores de uma empresa a gestão de um trabalho que eles conhecem melhor que ninguém, aos membros de um sindicato a direção de lutas que somente aos trabalhadores dizem respeito e comprometem? (E é isso que explica, muito mais do que a presença de militantes antistalinistas no movimento estudantil, a agressividade e o ódio que lhes manifestaram desde o primeiro dia o PC e a CGT; eles sentiram imediatamente que questionavam sua própria natureza burocrática). Há anos propunha-se timidamente uma "modernização" (no sentido capitalista burocrático) dos programas; os estudantes atacaram a substância e o conteúdo do ensino universitário, e denunciaram nos atos a mistificação (reanimada há alguns anos por estranhos "marxistas") de uma ciência neutra, que nada devia à ideologia.

Ao mesmo tempo, esse conteúdo radical não apareceu nas palavras, mas nos atos, por meio de métodos eficazes de luta. Cortando pela raiz todos os métodos "tradicionalmente comprovados": palavrório, negociações, pressões, entradas e saídas nos sindicatos e "conquistas" ilusórias destes, os estudantes passaram à ação direta, sabendo sempre escolher o terreno mais favorável.

Finalmente, o caráter não burocrático, não tradicional da organização do movimento desempenhou um papel considerável. Decisões coletivas no local de trabalho, participação de todos na sua execução, suspensão das proibições e das suspeitas políticas, líderes emergindo da própria ação.

Mas é preciso ainda dizer aqui que a eficácia do movimento, nos três níveis descritos, estava ao mesmo tempo ligada às *condições concretas* das quais partiu e nas quais se manteve até o momento da ocupação das universidades. Ora, sua fraqueza nas etapas seguintes foi a tentativa de transpor quase que sem alterações os objetivos e formas de ação e de organização que haviam tido tanto êxito em seu primeiro terreno ao nível da sociedade global e da totalidade dos problemas. Essa tentativa não podia senão fracassar, e conduziu o movimento ao risco, que passou raspando, de se isolar e de girar aceleradamente sobre si mesmo. Não queremos dizer que essas ideias valem somente para o meio universitário (ou no interior de um meio orgânico qualquer), mas que elas não podem ser transpostas mecanicamente a outros espaços sem que seu significado seja quase que totalmente modificado. Para transpor de modo fecundo, é preciso refletir. Caso contrário, é a repetição – a burocracia do pensamento à qual fatalmente conduz a recusa do pensar. O que tornou possível, e alimenta ainda hoje, tentativas de transposição mecânica é uma falsa imagem da realidade social, uma incompreensão do capitalismo moderno na qual a mitologia operarista (*ouvrièriste*) desempenha um papel preponderante. O movimento estudantil age, quase constantemente, como se a classe operária fosse apenas um imenso paiol revolucionário, de modo que o único problema seria encontrar o lugar certo para instalar o estopim.

A *segunda etapa* do movimento deveria ter posto à vista de todos desde 20 de maio, segunda-feira, que as coisas não são assim. Decerto, sob o efeito indutor das lutas estudantis, das ocupações de faculdades e do colapso do governo, os movimentos de greve iniciaram espontaneamente tanto na Sud-Aviation de Nantes (15 de maio) como na Renault na província e até em Billancourt. Por isso, as direções sindicais, e notadamente a CGT, foram obrigadas a uma mudança de orientação de 180º graus em poucos dias, e a passarem da hostilidade declarada frente ao movimento estudantil, da passividade frente ao movimento de greve, ao "apoio" do primeiro e à gestão do segundo. Desse modo chegaram a controlar totalmente o movimento de greve até a conclusão dos acordos de Grenelle. Mas, nesse controle, seria desesperadamente ingênuo ver unicamente a atitude das direções sindicais – como se os operários não existissem. O que em primeiro lugar e antes de tudo deve ser compreendido é que, uma vez desencadeadas as greves, a atitude das direções sindicais em parte alguma é posta em questão pela base operária. Em nenhum lugar, em nenhum momento, se viu a mais longínqua analogia da contestação radical das relações estabelecidas ocorrida nos setores tradicionalmente mais conservadores da Universidade (Direito, Medicina, Ciências Políticas, etc.), nem um questionamento das relações de produção na empresa capitalista, da alienação no trabalho seja qual for o nível do salário, da divisão dirigente-executor estabelecida entre quadros e operários ou entre dirigentes e base das organizações "operárias".

É capital dizer com calma e veemência: em Maio de 68, na França, o proletariado industrial não foi a vanguarda revolucionária da sociedade, ele foi a pesada retaguarda. Se o movimento estudantil se lançou efetivamente a tomar o céu de assalto, o que fincou ao chão a sociedade naquela ocasião foi a atitude do proletariado, a sua passividade diante de suas direções e do regime, sua inércia, sua indiferença com relação a tudo o que não seja reivindicação econômica. Se o relógio da história tivesse parado nessa hora, teríamos de dizer que em Maio de 68 a camada mais conservadora, mais mistificada, mais presa das armadilhas e embustes do capitalismo burocrático moderno foi a classe operária, e mais particularmente aquela sua fração que segue o PC e a CGT. O seu único objetivo consistiu em melhorar sua situação *na* sociedade de consumo. Mesmo esta melhoria, ela não imagina que possa realizá-la por meio de uma atividade autônoma. Os operários entraram em greve, mas deixaram às organizações tradicionais a direção, a definição dos objetivos, a escolha dos métodos de ação. Naturalmente, esses métodos se tornaram métodos de inação. Quando a história dos acontecimentos for escrita, descobriremos nesta ou naquela empresa, nesta ou naquela província, uma tentativa de determinado setor operário de ir além. Mas a imagem massiva, sociológica, é clara e certa: os operários nem sequer estiveram fisicamente presentes. Dois ou três dias depois do começo das greves, a ocupação das fábricas – cujo sentido mudou rapidamente, tendo as burocracias sindicais encontrado um meio de separar os operários e impedir sua contaminação pelos estudantes – tornou-se essencialmente, na grande maioria dos casos, ocupação pelos quadros e militantes PC-CGT.

Essa imagem não muda pelo fato – muito importante para o futuro – de milhares de jovens trabalhadores, enquanto indivíduos, terem se unido aos estudantes e tido uma atitude diferente. Também não muda pelo fato de os operários rejeitarem massivamente os acordos de Grenelle; pois estes eram pura e simples trapaça *no plano econômico*, e, por mais mistificados que sejam, os operários ainda sabem fazer somas e subtrações. Ela é, pelo contrário, confirmada pelo fato de que as primeiras reocupações de locais pela polícia, a partir de 31 de maio, apenas raramente encontraram alguma resistência.

Enquanto revolucionários, não temos que emitir juízos morais sobre a atitude dos operários, menos ainda dá-la por perdida de uma vez por todas. Mas temos de compreender. Devemos condenar radicalmente a mitologia operarista (*ouvriériste*) que desempenhou e continua desempenhando um papel nefasto no movimento estudantil (e nos grupúsculos de esquerda, mas isso pouco importa). É tão indispensável continuar e aprofundar os contatos que foram estabelecidos com os operários, estendê-los o máximo possível, tentar demonstrar ao conjunto da classe operária o significado profundo do movimento estudantil – quanto foi e continua a ser catastroficamente falso acreditar que bastaria, no imediato, sacudir um pouco mais forte a carroça para fazer tombar o proletariado do lado da revolução.

É preciso compreender o que há no fundo da atitude do proletariado: a adesão à sociedade capitalista moderna, a privatização, a recusa de enfrentar o encargo dos assuntos coletivos, a corrida ao consumo são os fatores dominantes. É a isto que correspondem, como o negativo ao positivo, a aceitação da hierarquia – seja na empresa ou relativamente aos dirigentes sindicais e políticos –, a passividade e a inércia, a limitação das reivindicações ao plano econômico. Para compreender isso é preciso compreender o que é o capitalismo moderno e superar um marxismo tradicional morto que domina ainda a consciência de muitos vivos.

É preciso também superar as concepções tradicionais, desesperadamente superficiais, quanto à natureza da burocracia "operária" e o fundamento de seu domínio sobre os trabalhadores. Não somente não pode tratar-se de "erros" e de "traição" da parte das burocracias "operárias", que jamais "se enganam", a não ser em sentido técnico (no sentido que, enquanto aparelho de Estado, podem cometer um infeliz acidente quanto a seus próprios interesses) e não "traem" ninguém, mas desempenham o papel que é o seu no sistema – mas é falso imputar a seu domínio sobre a classe operária a atitude desta. Certamente, sobre esta última sempre pesam as décadas de mistificação e de terrorismo stalinistas e ainda hoje a atividade mistificadora, as manobras e a intimidação dos aparelhos. Mas se os trabalhadores tivessem mostrado um décimo da atividade autônoma que os estudantes manifestaram, os aparelhos burocráticos teriam voado em pedaços. Disso os aparelhos sabem, e é sob esta luz que se compreende sua atitude ao longo dos acontecimentos, o *medo* intenso que, por meio das manobras, das mentiras, das calúnias, das contradições, das reviravoltas cotidianas, das acrobacias perpétuas, os dominava e os domina, apressa-os a concluir os acordos de Grenelle e, depois, em deslocar o mais depressa possível os problemas ao falso terreno eleitoral.

Ao mesmo tempo – e aqui se esclarece tanto a atitude operária quanto a situação atual dos aparelhos burocráticos – o domínio das direções sobre a base definhou ao nível máximo. No decurso da crise, o aparelho burocrático dirigente, particularmente do PC e da CGT, se revelou uma carcaça rígida, sobrevivendo a si mesma, e cuja relação com seus adeptos tornou-se quase puramente eleitoral. Até sexta-feira 24 de maio, e este dia incluso, as manifestações PC-CGT em Paris juntaram, no máximo, de cinquenta a sessenta mil pessoas – ou seja, *um décimo* do eleitorado comunista das vinte circunscrições[77]; um eleitor comunista em cada dez se mexe para se manifestar "pacificamente" enquanto o país está em greve geral e a questão do poder está objetivamente posta. É difícil nuançar esta apreciação em função da manifestação, muito mais numerosa, de 29 de maio, à qual vieram pessoas de todo o distrito parisiense, mas que se contentaram, no momento em que a desorganização e a decomposição do poder haviam atingido seu limite, em repetir as palavras de ordem do PC. O que são atualmente o PC e a CGT? Um aparelho numeroso de funcionários das "organizações" políticas e sindicais e das instituições capitalistas (deputados, prefeitos, conselheiros municipais, membros remunerados de organizações políticas e sindicais, pessoal dos jornais do partido e da CGT, empregados das municipalidades comunistas, etc.), seguido por um amplo eleitorado, político e sindical, inerte e passivo. O tipo de relação que ele mantém com esse eleitorado é da mesma natureza que a relação de De Gaulle com os seus eleitores: ambos votam nos respectivos chefes para "terem paz", política ou reivindicativa, para não terem de se ocupar dos seus próprios assuntos.

O que ainda separa o aparelho burocrático PC-CGT da social-democracia tradicional são, antes de tudo, os métodos. Em vez da adocicada hipocrisia reformista, e apesar das tentativas de alguns Garaudy[78] que queriam ver sua adoção, ele continua a manipular a calúnia, a provocação policial (a CGT associando-

---

[77] Ver Nota 56.

[78] N.de E.: Referência a Roger Garaudy (1913-2012) filósofo de origem católica, membro da Resistência Francesa e, no contexto do pós-guerra, destacado parlamentar eleito pelo Partido Comunista, o qual à época já divergia dos métodos da direção comunista, tendo rompido logo mais com ele. Mais tarde, se dedicou a temas como política e religião, crítico ácido de Israel, chegou a se converter ao Islã.

-se às declarações de Pompidou sobre os "agitadores estrangeiros"; um piquete de greve CGT em Lyon entregando à polícia, na noite de 24 de maio, estudantes de Nanterre que lá tinham ido) e a agressão física (piquetes de greve CGT em Billancourt impedindo o acesso à fábrica de delegados da CFDT; veja-se também as declarações de Descamps, no *Le Monde*, sobre "o retorno ao período 1944-1946").

Mas a manutenção do estilo totalitário stalinista coincide com outras características profundas da atual situação do PCF. Prisioneiro de seu passado, o aparelho burocrático stalinista é incapaz de efetuar, na França como em quase toda parte, o giro que lhe permitiria em teoria desempenhar um novo papel. Certamente não um papel revolucionário, mas o papel da grande burocracia reformista moderna de que o funcionamento do capitalismo francês necessita, e que conselheiros benévolos, sociólogos sábios e técnicos sutis lhe propõem há anos. Bloqueado na sua própria evolução por suas origens históricas e pela referência russa da qual não pode prescindir – mas ambas se tornam cruzes cada vez mais pesadas de carregar – ele bloqueia ao mesmo tempo o funcionamento "normal" do capitalismo francês. Para conservar sua coesão e sua especificidade, ele deve manter como objetivo último a "tomada do poder" – para os figurões do aparelho, esperança de acesso à posição de camada dominante da sociedade; para sua base, vaga ideia de uma "passagem ao socialismo" que sustenta a sua fé, lhe faz engolir os sapos e lhe dá boa consciência. Mas ao mesmo tempo ele sabe perfeitamente que esse objetivo não é realizável fora do contexto de uma guerra mundial. "Revolucionário" *e* "reformista" em palavras, em realidade não é *nem* um, *nem* outro, e dificilmente consegue esconder, sob a lamentável "teoria" das vias múltiplas da passagem ao socialismo, a contradição em que se debate. Por essas razões, incapaz de se integrar ao "reformismo" triplamente ilusório da SFIO[79] – que a sua própria existência torna precisamente ainda mais ilusório –, o PCF é inaceitável para esta, que teme ser por ele fagocitada, e nem mesmo pode formar com ela uma aliança duradoura. Resultado do arcaísmo de múltiplos aspectos da vida francesa, e por sua vez causa de sua perpetuação, saldo incrivelmente monstruoso do passado russo no presente francês, provavelmente o PCF rebentará somente ao mesmo tempo e pelo mesmo movimento que o capitalismo francês.

Mas os acontecimentos atuais submetem-no a uma dura prova. Primeiro, pela primeira vez na sua história lhe ocorre aquilo que ele sempre tentou a qualquer custo – inclusive o do assassinato – evitar: ser contornado à esquerda por movimentos importantes, os estudantes, por um lado, e mesmo a CFDT na questão da autogestão, por outro. Além disso, ele se encontra cruelmente encurralado entre a acuidade da crise social e política – que pôs objetivamente a questão do poder – e sua incapacidade de ter *qualquer* objetivo político. Como já indicamos, atualmente o PCF nada quer nem pode querer quanto ao poder: sabe que não seria aceito num governo "Frente Popular"[80] senão à condição de arcar com os gastos da operação (assumir

---

[79] N. de E..: *Section Française de L'Internationale Ouvrière* (Seção Francesa da Internacional Operária), partido político existente entre 1905-1969, nasceu depois das décadas de embates do movimento socialista francês após a queda da Comuna de Paris. Resultou na unificação dos socialistas de mais diversas correntes, mas só conseguiu representar essa função até 1920, quando uma ala sua se retirou para fundar o Partido Comunista; dali em diante a SFIO se afirmou como a grande organização social-democrata francesa, tendo participado de dois gabinetes no Entreguerras e de todos os gabinetes da IV[a] República. Atuou como oposição no início da V[a] República. Foi refundado como Partido Socialista após o fracasso nas eleições de 1969, o qual se deve em grande medida aos efeitos de sua atuação no Maio de 68.

[80] Ver nota 29.

o desgaste desse governo sem acesso aos ministérios que lhe permitiriam se infiltrar no aparelho de Estado) – e que chegar de outro modo ao poder não seria concebível senão por meio de uma guerra civil que rapidamente degeneraria em terceira guerra mundial; nesta via, depara-se com um veto absoluto de Moscou. Logo, ele só pode manobrar, fingindo querer um "governo popular" e temendo, acima de tudo, que este se realize, fazendo votos (que têm todas as probabilidades de se cumprir) para que, em caso de vitória eleitoral, a Federação o traia para formar um governo de "centro-esquerda". Sua linha se reduz a isto: perder o mínimo de plumas possível, ou ganhar algumas. E, com efeito, é provável que em função da repolitização geral provocada pelos acontecimentos ele conseguirá compensar, ganhando ainda numa clientela até agora apolítica ou pequeno- -burguesa aquilo que perderá nos jovens operários, estudantes e intelectuais. Mas essa situação torna o aparelho stalinista do PCF ao mesmo tempo mais duro e mais frágil do que era; sobretudo, põe-no, doravante, na defensiva.

Ela explica também a pressa do PC de fazer tudo retornar à ordem, e o papel da CGT na inacreditável trapaça dos acordos de Grenelle. Jamais a disposição das burocracias sindicais para venderem o movimento de massas por uma colher de lentilhas podres havia atingido tais limites. Benoît Frachon se gabava no rádio do fato de haver três vezes mais grevistas do que em junho de 1936. Ora, em 1936 os grevistas haviam obtido imediatamente a semana de quarenta horas e duas semanas de férias remuneradas, direitos sindicais consideráveis e um aumento substancial de salários efetivos – o total estimado por Alfred Sauvy como o equivalente a um aumento de 35 a 45% das remunerações efetivas. Em Maio de 68, nenhuma mentira, nenhum sofisma de Séguy fará esquecer que ele se apresentou diante dos trabalhadores para lhes fazer aceitar puras e simples promessas sobre todos os outros pontos da negociação e, à parte o aumento do salário mínimo, que, contando os trabalhadores agrícolas, diz respeito a apenas cerca de 7% dos assalariados, um "aumento" de salários na verdade negativo. Os 10% acordados não são na realidade senão 7,75% (uma vez que os 7% se aplicam a três quartos do ano, e os 10% só ao último quarto). Ora, todos os anos, sem greve, as taxas de salário aumentam na França 6% em média, segundo as estatísticas oficiais – e 7% os benefícios efetivos (incluindo os bônus, a "evolução" hierárquica, etc.). Teríamos então feito uma greve geral de quinze dias para obter um ganho de 1 ou 2%? Nem isso, pois o não pagamento dos dias de greve torna essa margem negativa (uma quinzena não paga diminui em 4% o salário anual). Isso sem falar daquilo que havia sido, já há nove meses, tomado pelo Estado aos assalariados, primeiro com as disposições sobre o Seguro Social (o aumento das cotizações e a diminuição das prestações são oficialmente avaliadas em cerca de 1% da massa salarial) e em seguida com a extensão da Taxa de Valor Agregado (TVA) ao comércio varejista (que provocou em janeiro um aumento dos preços de 1% superior ao "normal"). Sem falar ainda do aumento dos preços ao qual recorrerá o patronato sob o pretexto deste aumento imaginário de salários; sem falar, sobretudo, do aumento da "produtividade", isto é, da aceleração das cadências, cuja necessidade já se proclama e sobre a qual Séguy não disse uma palavra durante toda a greve.

Para apreciar corretamente ao mesmo tempo a situação objetiva, a irracionalidade, a incoerência e o medo dos "dirigentes" capitalistas *e* sindicais, e enfim o absurdo das análises tradicionais, é preciso insistir neste ponto: o capitalismo francês *poderia, pode* economicamente conceder um aumento efetivo do poder de compra real dos assalariados dentre 5 e 10% *além* do que teria concedido em 1968 de qualquer maneira. Não somente ele pode: deveria. Isso só lhe faria bem globalmente (excetuando as empresas marginais). Porque a indústria francesa trabalha há anos abaixo da sua capacidade física e humana, a um grau dessa ordem de grandeza; ela poderia facilmente produzir sem outras despesas a não ser as de matérias-primas adicionais (pequena parte do valor final dos produtos) 5 a 10% a mais. Isso é ainda mais verdadeiro para os ramos que seriam os primeiros a se beneficiar de um aumento de salários: indústrias de consumo (têxtil, eletrodoméstica, automobilística, indústrias alimentícias) e construção, para as quais as capacidades inutilizadas há anos são mais importantes do que para a média da indústria. Tendo em conta, mais uma vez, o aumento normal, regular dos salários de cada ano, existia então a base objetiva de um compromisso para o aumento dos salários nominais na ordem de 15%, tudo incluído. Isso não implicaria *nenhuma redistribuição do rendimento nacional*; idealmente, com uma "boa" burocracia reformista – que sobretudo não tivesse medo, como a da CGT – o proletariado teria podido obtê-lo e, em seu estado atual, teria provavelmente se contentado com isso. Se isso não se fez, foi por razões não econômicas: a impossibilidade para as diversas frações da burguesia e da burocracia de atingir, cada uma por si mesma e todas em conjunto, uma conduta "racional" do ponto de vista de seus interesses.

A rejeição massiva dos acordos de Grenelle pelos trabalhadores – que forçará precisamente o capitalismo francês a se comportar de modo menos irracional, concedendo alguns aumentos reais – abriu a *terceira etapa da crise*. Esta, em sua brevidade, pôs em evidência o vazio político absoluto da sociedade francesa e criou um fenômeno histórico original: uma dualidade de não poder. De um lado, o governo e o partido no poder no auge da decomposição, dependendo, sem sequer acreditarem muito nisso, do fôlego de um homem de 78 anos. Por outro lado, as intrigas e as manobras dos Sganarelle[81] da "esquerda", incapazes, mesmo nessas circunstâncias, de propor outra coisa além de negociatas governamentais ou mesmo de se apresentarem como "unidos". Condição desse vazio: a inércia política total dos operários e dos assalariados, que levam adiante a maior greve já registrada na história de qualquer país como uma simples greve reivindicativa, recusam-se a ver que uma greve de tal amplitude coloca a questão do poder, da organização e até da sobrevivência da sociedade, que ela somente poderia continuar tornando-se *greve gestionária* – e se limitam a apoiar debilmente a vaga palavra de ordem "governo popular", a saber, a entrega de seus negócios nas mãos dos burocratas de "esquerda".

Para estes, como para seus "adversários" governamentais, uma única preocupação: que se volte o quanto antes à "normalidade". O general vai oferecer-lhes, uma vez mais, a porta de saída com a sua declaração de 31 de maio, que abre a *quarta etapa* da crise. Por trás de sua retórica ameaçadora, ele lhes promete deixar recomeçar o jogo que é o deles: as eleições. Daí o alívio (tão bem descrito pelo correspondente do *Le Monde*) da "esquerda" após o discurso de De Gaulle. Pouco importa se este se aproveita da situação para corrigir sua gafe referendária (51% de Não ao referendo davam 51% de Não; 51% de votos para a oposição nas eleições darão, em função do recorte eleitoral, ainda uma maioria de UNR[82]-Independentes, sem falar

---

[81] N. de T.: Personagem cômico de várias obras de Molière.

[82] N. de T.: *Union pour la Nouvelle République* (União pela Nova República), partido criado em 1958 para dar sustentação ao general De Gaulle, mas já

da possibilidade de ampliar ao centro e até "à esquerda" o leque parlamentar de Pompidou). A cumplicidade é total, de Pompidou a Waldeck Rochet, passando por Mitterrand e Mollet, para levar o mais rapidamente possível os problemas ao falso terreno em que bem sabem que não poderão ser resolvidos, nem mesmo postos: o terreno parlamentar.

Imediatamente, ocorre a debandada das "direções sólidas e experientes da classe operária". Essa "grande força tranquila" que é a CGT, segundo Séguy, deixa reocupar os lugares de trabalho pela polícia, sem pestanejar, um depois do outro. As centrais sindicais retiram a "condição prévia" da revogação dos decretos porque, como explica sem ironia Séguy na rádio em 31 de maio, Pompidou lhe afirmou que esta matéria é de competência da Assembleia Nacional, e que, como se encontra dissolvida, esta não pode mais discuti-la – mas a próxima sem dúvida a discutirá... O próprio Eugène Descamps fará com que os candidatos a deputado se comprometam a esse respeito (onde diabo estava ele em 1956 quando a Frente Republicana, que havia chegado ao poder com a promessa formal de pôr termo à guerra da Argélia, a intensificou?).

Por conseguinte, a França pequeno-burguesa, nacionalista e reacionária – de cuja existência alguns haviam esquecido nas semanas precedentes – respira, recompõe-se e reaparece na Champs-Élysées.

---

dissolvido ainda em 1967, sendo substituída pela UNR (*Union des démocrates pour la Cinquième République* – União dos democratas pela Vª República –, a partir de 1968 somente *Union des démocrates pour la République* – União dos Democratas pela República); a constante fundação e refundação de agremiações de centro-direita possivelmente levaram o Autor ao lapso.

O futuro

Não devemos nos iludir a propósito das semanas que se iniciam. Elas serão dominadas pelo fim das greves, pela comédia eleitoral e parlamentar, e até pelas férias. E não está excluído o risco de que, nesse refluxo, o governo tente golpear o movimento estudantil e até reocupar as faculdades. Contra esse risco, o movimento estudantil não pode precaver-se senão organizando-se o mais rapidamente possível e do melhor modo possível, realizando uma autogestão efetiva e eficaz das universidades, explicando à população aquilo que faz.

Mas cumpre também não subestimar as imensas possibilidades que oferecerá o período histórico que se abre. A "tranquilidade" e o embrutecimento da sociedade capitalista moderna na França – e talvez em outros lugares – ficarão destruídos por muito tempo. O "crédito" do gaullismo está no chão; mesmo que sobreviva por um tempo, seu talismã imaginário se quebrou. As direções burocráticas de gestão dos trabalhadores foram profundamente abaladas. Doravante, uma fratura os separa dos jovens trabalhadores. Os políticos da "esquerda" não têm e não terão nada a dizer sobre os problemas que se levantam. O caráter ao mesmo tempo repressivo e absurdo do aparelho de Estado e do sistema social foi maciçamente revelado, e ninguém o esquecerá tão cedo. As "autoridades" e os "valores", em todos os âmbitos, foram denunciados, rasgados, anulados. Passarão anos antes que a enorme brecha aberta no edifício capitalista burocrático seja verdadeiramente colmatada – a supor que possa sê-lo.

Ao mesmo tempo, ideias fundamentais, ontem ainda ignoradas ou ridicularizadas, são agora conhecidas e discutidas em toda parte. Foram formados milhares e dezenas de milhares de novos militantes em ruptura radical com a burocracia de todas as alas. Apesar das limitações de sua atitude no decurso dos acontecimentos, a classe operária realizou uma enorme experiência, reaprendeu o sentido e a eficácia da luta e cada vez menos se contentará com algumas migalhas. Múltiplos focos de incêndio serão mantidos, certamente nas universidades, e também entre os jovens trabalhadores, talvez nas fábricas e nas empresas onde a ideia de autogestão começará a progredir.

A sociedade francesa está diante de uma longa fase de desregramento, de perturbação, de convulsões. Cabe aos revolucionários assumir suas responsabilidades permanentes.

A originalidade da crise de Maio de 68

Existe o risco de que a crise de Maio de 68 seja medida – ela já o é, a despeito da letra dos comentários – com a régua do passado, reduzida às significações e categorias já disponíveis, julgada por excesso ou por falta em comparação à experiência adquirida. Os protagonistas nem sempre são os últimos a ignorar o sentido daquilo que fizeram e puseram em marcha, e nisto não há razão para surpreender-nos. Raramente os homens compreendem de imediato que estão criando pontos de referência. No mais das vezes, é apenas quando essa criação se inscreveu na solidez imaginária do passado que sua significação se torna visível e, pelo próprio fato de sua mínima concretização, determinante para o futuro.

Não há motivos para nos estendermos a propósito da falsidade das comparações com a *pseudo-revolução cultural* na China. Malgrado a infinita complexidade de situações, de forças, de problemas em questão, o sentido desta é claro: uma vasta operação de retomada de controle do aparelho burocrático por sua fração maoísta, que não hesitou em agir convocando a população contra a fração adversária. Não é preciso dizer que uma tal mobilização não pode ocorrer sem que em mil lugares as camadas mobilizadas tentem seguir seu próprio caminho. Mas também é evidente que, no geral, a fração maoísta manteve em toda parte o controle final da situação.

Confusão total seria assimilar a crítica da sociedade de consumo pelos estudantes revolucionários na França e a denúncia do "economicismo" na China pelos maoístas (onde se combinam o delírio stalinista, a vontade de fazer derivar as reivindicações operárias para aquilo que se torna, na China, um ópio pseudopolítico do povo e o desvio da crítica popular do regime burocrático para a eliminação de um bode expiatório que é uma fração da burocracia). Confusão total seria aproximar, ainda que de longe, a crítica da Universidade, da cultura, da relação docente-aluno tais como são praticadas na França, com a denúncia dos professores e do "dogmatismo" e as "discussões livres" que têm lugar na China, cujo verdadeiro sentido se manifesta em sua finalidade: impor a setecentos milhões de homens uma nova Bíblia, o grotesco livrinho vermelho que contém os princípios de toda verdade passada, presente e futura.

A *pseudo-revolução cultural* na China continua, de um extremo ao outro, teleguiada pela fração maoísta, como precisamente recordava R. Guillain (*Le Monde,* 6 de junho de 1968), e não se cansa de denunciar o "espontaneísmo" em nome de um único, do único pensamento verdadeiro – o de Mao. Enfim, o exército, árbitro e arrimo do processo de uma ponta à outra, em momento algum é questionado e, com sua estrutura hierárquica intacta, continua a ser ao mesmo tempo pilar da sociedade burocrática e principal vencedor da crise.

É oportuno, por outro lado, dissipar outra imagem falsa da crise de Maio de 68 porque, repitamos, ela não deixou de afetar a atitude de muitos estudantes revolucionários: a imagem de uma revolução proletária socialista fracassada ou abortada. Revolução, porque um setor da sociedade atacou o regime tendo em vista objetivos radicais e por métodos de ação direta; porque a generalização das greves deu à crise uma dimensão nacional e global, colocando efetivamente a questão do poder; enfim, porque o governo e a administração se encontraram materialmente paralisados e moralmente descompostos. Fracassada ou abortada, porque a classe operária não passou ao ataque do poder, quer porque os aparelhos burocráticos a "impediram" de desempenhar seu papel revolucionário, quer porque "as condições não estavam maduras", expressão por meio da qual pode-se entender seja o que for e aquilo que se quiser.

Tomadas à parte, cada uma por si mesma, essas constatações são corretas: tanto os traços de uma situação revolucionária como a ausência de qualquer papel político do proletariado. Isso não impede que se constitua uma significação sem relação com os acontecimentos quando os ordenamos na chave de uma revolução socialista fracassada ou abortada, quando se julga o que foi em comparação com "o que poderia ter sido", construindo a reflexão não a partir da reflexão sobre o processo real e suas tendências próprias, mas a partir de uma imagem daquilo que foi em outro tempo e outro lugar.

Pensar a crise de Maio de 68 como uma crise revolucionária clássica, na qual o ator principal não teria desempenhado seu papel, é totalmente artificial. Nem sequer é falar de um *Hamlet* sem o príncipe da Dinamarca: é falar de um *Hamlet* onde o príncipe é torturado não pela dificuldade de vingar o pai, mas de comprar para si um *collant* novo. Na realidade foi uma *outra peça* que foi representada. Que os atores, e dentre eles o principal, o movimento estudantil, tenham repetido com frequência frases e tiradas inteiras tomadas do repertório clássico, que tinham com a ação apenas uma relação aparente ou ambígua, não muda nada. A peça é a primeira grande peça de um novo autor, que ainda procura seu caminho, e da qual até agora apenas algumas aberturas de palco haviam sido representadas – em Berkeley, em Varsóvia e outras partes. O personagem central da peça – personagem coletivo e complexo, como sempre no teatro da história, de aspecto e caráter inéditos – não tem antepassados entre os clássicos. Ele encarna a juventude, estudantil mas não somente estudantil, e uma parte das camadas modernas da sociedade, sobretudo a *intelligentsia* integrada nas estruturas produtoras de "cultura". Decerto, se este personagem pode criar e animar à sua volta um verdadeiro drama, e não um incidente, é porque se encontra com outros personagens prontos para entrar em ação e, como sempre, por motivos e fins que lhes são próprios. Mas, ao contrário de todo o teatro e como no singular *Rei Lear*, a peça é *história*, pelo fato de que diversas intrigas separadas e heterogêneas estão ligadas em conjunto e obrigadas a interferir pela ocasião, o tempo e um polo comum.

Esse polo comum, nesse caso a oposição ao governo, estabelece uma similitude entre a crise de Maio de 68 e as revoluções clássicas dos dois últimos séculos. Mas a semelhança é meramente aparente; ela encobre, e encobriu ao longo de toda a crise, duas diferenças muito mais importantes. Numa revolução clássica há no começo unidade das camadas que lutam para *eliminar* o regime estabelecido; suas divergências surgem, e tornam-se mesmo oposições brutais, uma vez alcançado este objetivo, quanto ao regime que deveria substituir o antigo. É isso, em segundo lugar, o que lhes confere os traços precisos de um processo de revolução permanente (no sentido preciso que a expressão tem em Marx e Trotsky, não no sentido vago com que se a utiliza há algumas semanas). A realização dos primeiros objetivos, os menos radicais, desvela as posições latentes entre as camadas protagonistas da revolução, transforma algumas em conservadoras da nova ordem, obriga as outras, as mais oprimidas, a radicalizar suas perspectivas e sua ação.

Em Maio de 68 a situação é totalmente diferente. Entre estudantes e operários não há sequer a unidade simples de um objetivo negativo. A oposição ao governo tem um sentido diferente entre os estudantes, ao menos em sua fração revolucionária e ativa, que visa a sua eliminação; e os operários que, em sua grande maioria, sem dúvida não são favoráveis ao governo, mas que não se encontram, de modo algum, dispostos a atuar para derrubá-lo. A aliança operários-estudantes, nessa situação, não pode se materializar: continua a ser um voto fundado num mal-entendido.

Em consequência disso, a crise apresenta o aspecto paradoxal de uma revolução permanente filmada, se podemos dizer, duplamente invertida. Ela começa pelos objetivos e os meios de ação radicais e avança para trás em direção às discussões de porcentagens e a rendição dos locais sem resistência à polícia. A partir da revolta de uma fração relativamente privilegiada da sociedade, que sustenta e acentua exigências revolucionárias, ela induz a entrada em ação das camadas mais desfavorecidas, mas por reivindicações reformistas limitadas. O enorme peso material de milhões de grevistas, combinado à confusão das cúpulas dirigentes, cria desse modo uma crise social; mas o próprio fato de que esta crise coloque realmente a questão do poder (que essa massa não quer encarar em nenhum momento), em vez de aprofundá-la, facilita sua rápida evacuação para o espaço imaginário das eleições.

Tentar compreender a especificidade e a originalidade da crise de Maio de 68 é tentar elucidar o significado dos comportamentos respectivos dos dois grupos sociais que foram os seus atores. A atitude da classe operária não se deve a fatores locais; com matizes, corresponde ao que se passa em todos os países industrializados há vinte anos. Não é conjuntural nem simples efeito de um tapume colocado pelas burocracias "operárias" entre o proletariado e a revolução. Não tornaremos àquilo que já dissemos anteriormente a este respeito, nem é aqui o lugar para retomar as análises que outros fizeram já há muito tempo[83]. Mas é preciso relembrar brevemente os fatores que fizeram do proletariado durante cento e cinquenta anos uma classe revolucionária e as características essenciais de sua situação histórica presente.

Em resumo: a ação do proletariado – contínua e multiforme, reivindicativa e política, "informal" e organizada, reformista e revolucionária – sobre a sociedade a transformou profundamente, mas continua, até aqui, insuficiente para revolucioná-la.

O proletariado foi a classe revolucionária. 1848 e 1971 em Paris, 1905 e 1917 na Rússia, 1919 na Alemanha e na Hungria, 1925 e 1927 na China, 1936-1937 na Espanha, 1956 na Polônia e na Hungria não são nem sonhos nossos nem teorias nossas, mas acontecimentos cruciais, pivôs da história moderna. O proletariado foi a classe revolucionária não porque Marx tenha lhe designado esse papel, mas por sua situação real na produção, na economia, na sociedade em geral.

---

[83] Na revista *Socialisme ou Barbarie*, ver, notadamente, *Le mouvement révolutionnaire sous le capitalisme moderne* (nº 31 a 33) e *Recommencer la révolution* (nº 35).

Essa situação é de início a que impõe, ou busca impor, o capitalismo: transformação do trabalhador em objeto, destruição do sentido do trabalho na produção; miséria material, desemprego recorrente, na economia; exclusão da vida política e da cultura, na sociedade. Ao mesmo tempo, o sistema capitalista – esta é sua especificidade histórica – permite ao proletariado lutar contra esta situação, e até o *obriga* a isso.

Desenvolve-se assim, na produção, um combate incessante, ao longo de todo o dia, contra a organização capitalista do trabalho, seus métodos, suas normas, sua pseudo-racionalidade mecanicista-burocrática. Combate que se encarna na existência de grupos "informais" como unidades produtivas necessárias, numa organização paralela do processo produtivo, numa coletivização efetiva dos operários oposta à atomização que a divisão capitalista do trabalho visa impor; e que culmina no objetivo da gestão operária da produção, promovida durante as fases revolucionárias. No plano econômico, as lutas reivindicativas; no plano político e social, as lutas políticas chegam, ao largo de um século, a transformar consideravelmente a situação do proletariado e do próprio capitalismo. A sociedade moderna é essencialmente o produto da luta de classes há um século. Não há na história exemplo de outra classe oprimida e explorada cuja ação tenha tido resultados análogos.

Mas, ao mesmo tempo, constata-se que o proletariado não pôde revolucionar a sociedade nem instaurar seu poder. Quer se acrescente ou não: "até agora", a questão permanece capital.

Não se pode começar a refletir verdadeiramente sobre isso se não se compreende a *contradição* que dominou a situação do proletariado. Classe revolucionária, na medida em que lutou não contra traços exteriores ou acidentais do capitalismo, mas contra a essência do sistema, não apenas negando-o, mas *estabelecendo* os elementos de uma nova organização social, os princípios de uma nova civilização, tanto na vida cotidiana da fábrica quanto em sua atividade em fases revolucionárias – o proletariado não pôde integrar, nem instituir, nem manter esses elementos e princípios. Todas as vezes em que se tratou de ultrapassar o nível informal, o momento agudo da luta, ou a fase revolucionária, o proletariado recaiu nos esquemas de representação, nos modos de agir e nos tipos de instituição da civilização dominante. As organizações de massas, sindicais ou políticas, alinharam-se assim sob as estruturas e os modos de funcionamento de todas as organizações burocráticas produzidas pelo capitalismo; o poder, ali onde a revolução proletária dele havia se apropriado, foi abandonado a um "partido dirigente", "representante" da classe; a ideologia e a prática da hierarquia foram cada vez mais aceitas, e finalmente toda a filosofia capitalista da organização pela organização e do consumo pelo consumo parece ter penetrado o proletariado.

Certamente, pode-se qualificar tudo isso como influência do capitalismo e dificuldade de o proletariado dela desprender-se. Mas essa "dificuldade", considerada historicamente, remete a outra coisa – a bem dizer, conhecida há muito tempo, mas insuficientemente pensada. O proletariado não cria e não pode criar, no interior da sociedade capitalista, a sua própria sociedade – como a burguesia mais ou menos o havia efetivamente feito no Antigo Regime –, suas próprias referências positivas, suas instituições que permaneceriam sob seu controle. O que desse modo cria, logo o perde, e da pior maneira: não lhe é furtado, mas é utilizado para um outro uso, diametralmente oposto ao qual ele fora destinado.

Não é, como afirmavam Kautsky e Lenin a partir de uma constatação equivocada para chegar a uma conclusão perniciosa, que o proletariado não pode elevar-se por si mesmo acima de uma consciência sindicalista e que é preciso inculcar-lhe uma ideologia "socialista", produto de intelectuais pequeno--burgueses; essa ideologia pode ser somente, e de fato o foi, profundamente burguesa, e, se podemos guiar-nos por alguma coisa para a reconstrução de uma perspectiva revolucionária, não é senão pelos elementos efetivamente socialistas que o proletariado produziu na sua atividade *contra* essa ideologia pseudo-socialista. Mas esses elementos, que se encontram tanto na obscuridade da organização informal da oficina e do comportamento dos operários na produção, quanto nas explosões revolucionárias, não podem nem se manter, nem se desenvolver, nem sobretudo *se instituir*. É aquilo a que se chamou, em linguagem filosófica, a "negatividade" do proletariado, é aquilo que Marx já havia visto e escrito com todas as letras, excetuando que ele completava esta negatividade por uma positividade (imaginária) das "leis da história".

Mas, bem entendido, a negatividade enquanto negatividade pura não passa de uma abstração, quer dizer, em última instância, de uma mistificação especulativa. Nenhuma classe histórica pode ser negatividade pura e absoluta. Depois de cada crise revolucionária, o proletariado não pôde senão apoiar-se em algo de "positivo"; como ele não podia apoiar-se sobre algo sólido que continuasse a materializar e a manter sob uma forma instituída a perspectiva revolucionária, ele se apoiou fatalmente sobre o "positivo" do capitalismo; como ele não podia se apoiar sobre sua própria cultura, ele se apoiou na cultura existente; como as normas, os valores, os fins que foram os seus nos momentos culminantes de sua atividade literalmente *não têm sentido* na vida corrente da sociedade capitalista, é preciso adotar os desta sociedade.

É precisamente isso que se encontra expresso pelo *resultado efetivo* das lutas operárias faz cento e cinquenta anos. Resultado que tem exatamente o mesmo significado, trate-se da burocratização das organizações "operárias" ou da "integração" do proletariado na expansão capitalista. A aceitação das normas burocráticas da organização não é mais do que a outra face da aceitação dos objetivos capitalistas da vida: as duas se implicam reciprocamente na filosofia e se apoiam uma à outra na realidade. Se temos estes sindicatos, podemos ter apenas 5% e, se são 5% que pretendemos, estes sindicatos bastam para isso.

É assim que a luta secular de uma classe revolucionária desemboca por ora neste resultado duplamente paradoxal: a "integração" do proletariado na sociedade capitalista moderna – e sua entrada nessa sociedade no momento em que o modo dominante de socialização é a privatização.

Qual é então a situação histórica presente do proletariado nos países modernos, e o que resta, para além de lembranças e resíduos ideológicos, daquilo que fez dele uma classe revolucionária? Nada de específico. Certamente não do ponto de vista quantitativo: em um país industrial típico, 80 a 90% da população ativa constitui-se de assalariados, porém somente 25 a 40% de *operários*; o proletariado industrial não é mais, em geral, uma camada majoritária entre os assalariados e seu peso relativo vem declinando. (Distintamente, em países como a França e a Itália uma ampla população rural está sendo absorvida pelas cidades e, portanto, também pela indústria. Mas mesmo nesses países não tardará a ser atingido o limite máximo da força de trabalho industrial). Mas tampouco sob o ponto de vista qualitativo. Bem ou mal, o capitalismo consegue satisfazer suas reivindicações econômicas; tem de satisfazê-las para continuar funcionando. O proletariado não é mais o único a sofrer a experiência da alienação no trabalho, da degradação da sociedade de consumo: todas as camadas da sociedade o sofrem. Temos mesmo o direito de perguntar se essa experiência não se dá de maneira mais aguda fora do proletariado propriamente dito. A saturação relativa ao consumo, a revelação do absurdo da corrida para obter sempre mais, sempre outra coisa, podem ser mais facilmente sofridas por categorias menos desfavorecidas em relação à renda. A alienação no trabalho, a irracionalidade e incoerência da "organização" burocrática podem ser mais facilmente percebidos pelas camadas que trabalham fora da produção material; nesta, com efeito, a matéria impõe por si mesma um limite ao absurdo burocrático que, todavia, tende a se tornar infinito nas atividades não materiais que não conhecem nenhum solo, nenhum suporte material.

Foi precisamente isso que apareceu em maio de 68 por meio do papel revolucionário que desempenharam os jovens, em particular os estudantes, e também uma grande parte dos professores e intelectuais.

Em primeiro lugar, é preciso voltar a falar do papel dos jovens e compreender sua significação permanente e universal. É preciso quebrar os marcos tradicionais da reflexão sociológica (incluindo a marxista) e dizer: nas sociedades modernas a juventude é como tal uma *categoria social* sustentada por uma divisão da sociedade em alguns aspectos mais importante que sua divisão em classes.

Sobre uma estrutura social hierárquica burocrática multipiramidal, como a das sociedades modernas, os critérios tradicionais da divisão social perdem seu efeito. Não somente a propriedade, mas até a divisão dirigentes-executores perde seu sentido simples; com exceção das duas extremidades da sociedade, uma porção crescente da população se encontra em situações mistas ou intermediárias; a renda deixa de ser um critério – aliás, nunca o foi. A divisão pertinente da sociedade, para a reflexão e a prática sócio-política, não pode mais estar baseada nos "estatutos" ou "estados", mas nos comportamentos; e os primeiros determinam cada vez menos os segundos de modo unívoco. A divisão pertinente torna-se hoje a que distingue aqueles que aceitam o sistema e aqueles que o recusam.

Ora, é na juventude como tal que a recusa do sistema pode ser e é efetivamente o mais radical, por várias razões, duas das quais são imediatamente evidentes. Primeiro, porque a crise profunda, antropológica, do sistema, o desmoronamento dos marcos, dos valores, dos imperativos manifesta neste caso toda sua virulência no momento em que a personalidade ainda está em estado de fusão e, procurando orientação, encontra o nada daquilo que existe. E porque, em segundo lugar, em função da relativa prosperidade material de quase todas as camadas, os indivíduos ainda não foram capturados, não somente pelas ilusões do sistema, mas também por seus sutis mecanismos de constrangimento psíquico-econômico. Ora, o traço talvez mais importante do movimento atual da juventude é que em função e a partir dessa "disponibilidade" e dessa "irresponsabilidade" que a sociedade lhes impõe, os jovens rejeitam *ao mesmo tempo tanto* esta sociedade *como* esta "disponibilidade" e "irresponsabilidade". Sua atividade e seu propósito gestionário dão forma a essa recusa.

Mas seria totalmente superficial ver nessa "disponibilidade" e nessa "irresponsabilidade" apenas um estado transitório de alguns indivíduos numa etapa da sua vida. Esse estado, transitório para as pessoas, é um estado permanente para a sociedade; dez a quinze classes de idade, entre as mais numerosas, formam aproximadamente um terço da população que conta nas lutas sociais (senão nas eleições). Mas sobretudo: essa "disponibilidade", essa "irresponsabilidade" (e também a sua recusa virtual) são uma característica universal do homem na sociedade moderna.

Se, com efeito, os estudantes em particular, a juventude de modo geral, tornaram-se realmente um polo social revolucionário, é por encarnarem ao extremo, é por tipificarem no estado mais puro o que é a condição geral e profunda do indivíduo moderno. Porquanto hoje todos estão reduzidos à situação de "disponibilidade": somente costumes exteriores os fixam às ocupações, modos de vida, normas, que já não interiorizam nem valorizam. Todos são reduzidos a uma situação de "irresponsabilidade", visto que todos se submetem a uma autoridade que não ousa mais sequer se afirmar enquanto tal, todos têm "direitos" formais e vazios mas nenhum poder real, todos têm um trabalho insignificante e cada vez mais percebido como tal, a vida de todos é repleta de falsos objetos, todos se encontram em uma relativa "segurança" material acompanhada por uma angústia "sem objeto".

A "proletarização" geral da sociedade moderna é um fato – embora ambíguo. Se todos se tornaram assalariados, ao mesmo tempo quase todos escaparam da miséria e da insegurança.

A "juvenilização" geral da sociedade também é certa, mas bem menos ambígua. Todo mundo se tornou disponível e irresponsável e podemos apenas nos iludir um tanto mais ou um tanto menos a esse propósito. No limite, os ministros podem representar o papel de ministros, eles sabem muito bem que nada decidem e de nada são verdadeiramente responsáveis.

O estatuto estudantil só é excepcional, assim, na medida em que nele se encontram condensadas e puras as características mais essenciais da situação do homem moderno. Influenciados sem dúvida pelo que resta da ideologia revolucionária clássica – naquilo que ela preserva de mais *verdadeiro* e de mais *abstrato* nas condições modernas – os estudantes representaram uma *revolução antecipada* em dois sentidos. Primeiro, ao lutar contra sua situação presente, eles lutavam também e sobretudo por antecipação contra sua situação futura – não, como dizem estupidamente os homens do governo, o medo de não encontrar um emprego, mas a certeza quanto à natureza do "emprego" que eles encontrarão. Uma revolução antecipada também num sentido mais profundo, à medida que exprime e prefigura aquilo que poderia ser, aquilo que deverá ser, aquilo que sem dúvida será um dia a revolução contra a sociedade moderna.

Cumpre em seguida refletir sobre o fato de que o núcleo da crise não foi a juventude em geral, mas a juventude estudantil das universidades e dos liceus e a fração jovem – ou não esclerosada – do corpo docente, mas também outras categorias de intelectuais. Isso também tem uma significação determinante para o futuro, porque é universal.

É totalmente inútil discorrer interminavelmente sobre a revolução científico-tecnológica se não compreendermos o que ela implica: para começar, que a indústria do ensino e da cultura já é, quantitativa e qualitativamente, mais importante do que a metalurgia, e que essa importância não deixará de crescer.

Em segundo lugar, e ainda mais importante: os problemas que provoca a todos os níveis a profunda crise da ciência e do saber contemporâneos (que os cientistas em sua maioria ainda não descobriram, mas de que sofrem obscuramente), isto é, para falar sem rodeios, a *morte* da ciência na acepção clássica e em toda acepção até aqui conhecida deste termo; a *morte* de um certo tipo de produção e de transmissão de um saber; a incerteza perpétua quanto ao que é adquirido, provável, duvidoso, obscuro; a coletivização indefinida do suporte humano do saber e, ao mesmo tempo, a fragmentação *ad infinitum* desse saber no momento em que mais do que nunca aparece, imperiosa e enigmática, a interdependência, ou melhor, a unidade articulada de todos os seus campos; a relação desse saber com a sociedade que o produz, o alimenta, dele se nutre e de que corre o risco de morrer; o para quem e o para quê desse saber: esses problemas levantam desde já a exigência de uma transformação radical da sociedade e do ser humano ao mesmo tempo em que eles contêm estas primícias. Se essa árvore monstruosa do conhecimento que a humanidade moderna cultiva de modo cada vez mais febril não vier a desabar sob seu próprio peso e esmagar seu jardineiro na queda, a transformação necessária do homem e da sociedade irá infinitamente mais longe do que ousaram imaginar as mais loucas utopias. Ela exige um desenvolvimento diferente do indivíduo desde o início, que o torne capaz de uma outra relação ao saber, sem análogo na história precedente; não se trata simplesmente do desenvolvimento das faculdades e das capacidades, mas muito mais profundamente da relação do indivíduo à autoridade, visto que o saber é a primeira sublimação do desejo de poder, de sua relação, portanto, à instituição naquilo que ela encarna como referência fixa e última. Tudo isso é evidentemente inconcebível sem uma transformação brusca não somente das instituições existentes, mas inclusive daquilo que entendemos por instituição.

É isso que está contido, por enquanto certamente em germe, no movimento dos estudantes revolucionários na França. A transformação da relação professor-aluno; a do conteúdo do ensino; a supressão da compartimentação das disciplinas e da separação entre a Universidade e a sociedade, ou bem permanecerão letra morta – e dificilmente se vê como poderiam assim permanecer totalmente – ou bem colocarão constantemente e cada vez mais imperiosamente o problema dessa transformação. Pouco importa se os estudantes o sabiam ou não (e em parte sabiam-no). Pouco importa se viram sua atividade como prelúdio ou parte de uma revolução socialista clássica – o que em um sentido é verdadeiro, com a condição de compreender plenamente a transformação exigida do conteúdo mesmo dessa revolução tal como era visto até aqui. Como o "viver trabalhando ou morrer combatendo" continha em potência as revoluções proletárias do século passado, os objetivos do movimento estudantil na França esboçam já as linhas de força do período histórico que se abre.

Tais são as exigências "objetivas", no domínio do saber, da época contemporânea, que amplificam e aprofundam imensamente aquelas que já surgiam nos domínios da produção e da organização da vida social. Tais são os fatores que fazem da juventude, dos estudantes, dos trabalhadores da indústria do ensino e da cultura o equivalente de uma nova vanguarda revolucionária da sociedade.

Mas essas camadas, mesmo ampliadas a todas as camadas modernas numa situação comparável, poderão desempenhar esse papel? Não encontrariam, cedo ou tarde, uma contradição simétrica àquela que o proletariado encontrou? Dito de outra forma, poderão escapar de modo duradouro da influência da cultura onde nasceram? Têm peso e coesão suficientes para desempenhar um papel histórico? Podem adquirir esse peso por uma união – que parece hoje mais difícil do que no passado – com os trabalhadores manuais?

Aqui, mais uma vez, seria não apenas ilusório, mas profunda e principalmente falso querer responder, por meio de uma análise teórica, à questão que a história coloca à criatividade dos homens. Mas para nós uma coisa é certa: se há uma solução para esses problemas, não poderá ser encontrada fora da união dos trabalhadores manuais e intelectuais. E se uma tal união – que de forma alguma é "natural" – for realizada, será apenas em função de um trabalho político-social permanente, cujas modalidades, estruturas e modo de ser é necessário quase inteiramente inventar.

PARTE 2
Vinte Anos Depois

II.I.
Ma(io)s (1978)
por Edgar Morin

1 – Maio-esfinge

Maio de 68 tem sido evocado como se se tratasse de um acontecimento claro e evidente em sua significação ou em sua insignificância. Ideólogos, cientistas políticos, sociólogos se lançaram, desde junho de 68, sobre o cadáver e dele eliminaram o essencial: a *surpresa* que suscitou em todos, atores e espectadores, a *incongruência* que apresentava com relação às teorias e doutrinas que explicavam a nossa sociedade. Eliminaram o enigma de uma Comuna de Paris não proletária, mas estudantil, de um gigantesco desfile (*monôme*) que subitamente paralisa o Estado, de uma luta de classes na qual os filhos da burguesia arrastam a classe operária em seu rastro, de um fenômeno político total que se desenrolou fora dos quadros políticos, como uma recreação.

Depois, muito rapidamente, sob o fluxo dos estudos necrófagos, houve uma saturação de Maio. Tudo voltando à ordem, Maio foi recalcado, esquecido. Dez anos depois, ressuscitando pela única virtude da numeração decimal, ele parece emergir de um passado abolido, sob a forma de múmia ou de comédia (*mômerie*).

Maio de 68 surgiu no fundo internacional das revoltas estudantis de 67-68: uma onda de choque atravessa o planeta em todos os sentidos, sacode as universidades nos Estados Unidos, na Alemanha, na Polônia, no Oriente Próximo, na América Latina. Mas, em todos esses países, essas revoltas se mantêm apenas como revoltas estudantis, sem contaminar a sociedade. Na França e somente na França, a revolta dos estudantes se torna amplamente juvenil e social, arrastando estudantes secundaristas, jovens operários, agitando a *intelligentsia*, levando o mundo do trabalho a uma grande greve geral, paralisando o Estado por um mês. Em síntese, o Maio de 68 francês se distingue por sua característica de deflagração social generalizada, e isso numa sociedade que não era perturbada por nenhuma crise, econômica ou política.

Mas esse acontecimento enorme se dissipa em um mês e, no fim de junho, desvanece, deixando como resíduos apenas os séquitos trotskistas e maoístas. A ordem social é restabelecida. A vida política normal é restaurada antes do verão. No outono, a economia (que os *experts* julgavam exangue em junho) funciona plenamente. O país volta ao trabalho, ao lazer, à produção, ao consumo.

Portanto, o que é preciso compreender é, ao mesmo tempo, a enormidade e a insignificância do Maio de 68. Mas, para isso, precisamos ressuscitar seu caráter de acontecimento-esfinge.

A grande festa

Maio foi, ao mesmo tempo, totalmente político e totalmente lúdico. Foi um conflito violento, com batalhas, barricadas, árvores arrancadas, carros incendiados, cassetetes, bombas de gás lacrimogênio. E, no entanto, durante as rudes batalhas parisienses de maio, não houve tiros de arma de fogo; ainda que o combate fosse travado sob o grito de "CRS-SS"[84], grito infantil

---

[84] N. de T.: Sátira feita pela junção da sigla da CRS à da SS, a abreviação da tropa de assalto nazista, a *Schutzstaffel*, como forma de denúncia do caráter

e cheio de ódio, nenhum "exaltado", nenhum "provocador", nenhum "fanático" fez, num determinado momento, o gesto que desencadearia a matança. É preciso supor que essa formidável excitação coletiva carregava em si a recusa da luta de morte. E essa recusa "cola" bem com o outro aspecto do Maio: uma explosão de alegria, um espraiamento da comunicação, uma fraternização generalizada. De fato, a violência conflituosa e a não violência fraterna do Maio são indissociáveis, até nas asperezas e nos endurecimentos dos últimos dias.

Reteve-se apenas um desses dois componentes como significativo: para uns, a verdade de Maio está na sua agressividade, e se trata de encontrar e organizar essa agressividade para torná-la realmente "revolucionária"; para outros, intelectuais aos olhos de quem a autenticidade das revoluções se mede pelo sangue que elas derramam, Maio de 68 não foi senão uma balbúrdia (*chahut*) indigna de entrar no grande abatedouro da história. Ora, se refletirmos sobre isso, a violência de Maio foi fecunda, não porque ela instituía sua lei, mas porque desregrava e desorientava a lei universitária, social, política, e abria as portas para a grande festa.

Esse aspecto festivo é, para o pensamento tecnoeconomicista e para o pensamento marxista-leninista, o defeito irremediável que revela a falta de seriedade política. Mas a festa foi a consequência quase automática da precisão da funda de Davi que havia atingido o Estado na cabeça.

A partir de então, a tetanização da autoridade, a paralisia do superego, liberavam subitamente o que estava inibido e reprimido. A vacância do poder de Estado ocasionou ótimas férias para a sociedade, e esta se viu em greve, se encontrou

---

fascista da atuação do aparato de segurança francês, sobretudo no Maio.

na greve... Tudo o que funcionava "normalmente", legalmente, institucionalmente, ficou mudo, e então o burburinho de uma palavra imensurável se ergueu, não apenas dos anfiteatros, mas da rua, das oficinas, dos escritórios. Tudo o que não falava se pôs a falar e, através das barricadas, das fumaças, uma grande alegria, uma grande festa se espalharam por Paris.

Durante as primeiras semanas, os consultórios médicos se esvaziaram: os ansiosos, os coléricos, os "enxaquecosos", os "regurgitantes", os arrotadores, os nauseados de repente estavam curados. É verdade que os campos, as pequenas cidades estavam inquietos. Mas Paris estava em festa durante as duas primeiras semanas. Depois, lentamente, o acúmulo de lixeiras nas calçadas, a escassez do combustível e, em seguida, do abastecimento provocaram a inquietude. Esta, por sua vez, impregnou a atmosfera. O discurso do grande Catalisador transformou subitamente essa angústia difusa em energia de recusa; a partir de então, a ordem estava restabelecida, o superego, restaurado, e novamente as úlceras, as enxaquecas, os refluxos, as constipações, os eczemas, o cansaço, a irritabilidade voltaram às salas de espera dos médicos.

A festa de Maio era muito mais do que um divertimento: era como o surgimento de uma necessidade existencial até então recalcada na e pela sociedade normal, pela política normal. Mas, ao mesmo tempo, Maio foi plenamente político.

Com efeito, os grupúsculos (*groupuscules*) microscópicos que desencadearam o movimento em Nanterre e o animaram ao longo de maio eram todos movidos por uma vontade e uma recusa políticas. Eles constituíam um verdadeiro microcosmo, reunindo num caldo de cultura as variantes múltiplas e antagonistas da ideia socialista, desde a libertária até a disciplinar. O primeiro efeito de Maio, efeito durável, é fazer passar esse poliesquerdismo (*poly-gauchisme*) de um estado microscópico, invisível ao olho político, a um estado macroscópico, observável a partir de então na rua, no voto, na oficina e, claro, nas reuniões de salão. O que é notável é que as correntes heterogêneas e antagonistas do libertarismo, do trotskismo, do maoísmo, do situacionismo, encontram-se, então, em simbiose. Mas a dinâmica vem do 22 de março, do neolibertarismo simbolizado por Cohn-Bendit[85]. Ela vem desse espontaneísmo falante, alegre, agressivo, inocente, superexcitado, audacioso.

De fato, a animação, a "alma" verdadeira de Maio de 68 está no caráter metamarxista, matapartidário dos inspirados do 22 de março. Todavia, na maionese de Maio, o marxismo está "em suspensão", e os microaparelhos leninistas e maoístas estão ativos. Há uma complementaridade entre os antagonistas potenciais que são os neolibertários, os maoístas, os trotskistas. E aí está o grande equívoco político de Maio: a unidade real de antagonistas não menos reais.

Assim que Maio se desintegra, o fluxo libertário espontaneísta se desintegra por si mesmo, e apenas os núcleos duros subsistem: o aparelho trotskista e o mito maoísta. O que se desintegra no primeiro refluxo é a originalidade poética, lúdica, sincrética de Maio, sua aspiração infinita a uma outra vida, sua abertura. O que permanece são as rígidas estruturas leninistas da JCR[86] e as fortes estruturas mitológicas da doutrina Mao. Assim, os sobreviventes organizados de Maio, todos marxistas dogmáticos, tornam-se os seus porta-vozes e exegetas. Explicam que a ex-

---

[85] Com Cohn-Bendit, a marginalidade do "meteca" se torna o fenômeno central ("Somos todos judeus alemães"), e o Estado francês conservou o horror duradouro do que representava Dany, estendendo-lhe, ainda em 1978, uma imbecil homenagem do exílio.

[86] N.de T.: *Jeunesses Communistes Révolutionnaires* (Juventudes Comunistas Revolucionárias).

plosão não é obra do movimento revolucionário estudantil que a desencadeou, mas do movimento reivindicatório operário que se sucedeu. Demonstram que o que foi a virtude de Maio, seu caráter libertário, existencial, infra e supramarxista era, na verdade, seu vício. Demonstram que o que foi o êxito de Maio, seu caráter espontâneo e improvisado, constitui seu fracasso. Demonstram não que a revolta tenha tido êxito, mas que a revolução fracassou pela ausência do partido leninista da classe operária (os trotskistas), por insuficiência de contato com as massas (os maoístas). Em outros termos, são os sobreviventes organizados de Maio que desnaturam Maio, o "unidimensionalizam", remodelam o acontecimento sob a medida de sua teoria, fazem dele um esboço a recomeçar, segundo regras.

Do lado do pensamento universitário e político burguês, surgem aqueles para quem explicar é suprimir a surpresa, encaixar o acontecimento em seus esquemas normalizadores ou eliminá-lo como falha, acidente de percurso.

Nos dois casos, seria preciso apagar o fato de que os animadores e atores do movimento eram os estudantes e os jovens, categorias difusas e "mistificadas", que não têm lugar nem nos tratados de sociologia, nem nos tratados de marxismo.

À primeira questão "qual foi o efeito mais importante de Maio de 68?", podemos responder: "foi, em primeiro lugar, o apagamento e o recalque de Maio de 68". As ideologias talharam, retalharam, esculpiram o acontecimento para que ele se parecesse com elas. Tudo voltou à ordem, à ordem leninista, à ordem maoísta, à ordem dos partidos, à ordem das instituições, à ordem burguesa, para que Maio se tornasse um acidente, como a maré negra do *Torrey Canyon*[87] (e desde então, em 1978

---

[87] N. de E.: Referência ao desastre ecológico de 1967 causado pelo petroleiro Torrey Canyon, que se chocou contra recifes e derramou mais de 10 mil

precisamente, o *Amoco Cadiz*[88])... A ordem social, política, ideológica, acreditou ter expelido esse ingrediente indigesto.

Daí a necessidade, antes de toda comemoração, de ressuscitar Maio em suas ambivalências, em suas contradições, em sua complexidade, para tentar, agora com a distância, interpretar sua mensagem. Pois Maio-esfinge é ao mesmo tempo Maio-*flash*, que elucidou nossos subsolos, iluminou abismos, e, como todo *flash*, criou sombras, aplanou relevos, portanto, cegou ao mesmo tempo.

Assim se desenha, por exclusão e por justaposição, o rosto do acontecimento-esfinge. Não é uma revolução fracassada, ainda que contenha uma dupla mensagem revolucionária: misturada àquela da velha revolução, a mensagem de uma nova revolução. Não é apenas uma explosão que ilumina com *flash* as profundezas invisíveis de nosso mundo social. Contrariamente aos que reduziram Maio de 68 à insignificância, contrariamente aos que nele viram os três primeiros momentos da iminente revolução, nós, Castoriadis, Lefort e eu, havíamos diagnosticado, no livro que carrega este nome, que uma *brecha* irrefechável (*irrefermable*) tinha sido aberta sob a linha d'água[89] de nossa ordem social. E, nesse sentido, Maio pode ser considerado como um momento de transição, uma *Páscoa*. Por onde todo um reprimido, todo um inconsciente, todo um marginalizado, todo um anseio, toda uma libido irromperam.

---

toneladas de petróleo na costa inglesa.

[88] N. de E.: Referência a outro desastre ecológico, ocorrido em 1978 na costa da Bretanha (França), onde o petroleiro Almoco Cadiz, após colisão com recifes, lançou ao mar mais de 230 mil toneladas de óleo cru.

[89] N. de T.: Em francês, *ligne de flottation*: linha que separa a parte imersa e a parte emersa de um navio.

2 – Maio sim, Messias não[90]

A ambiguidade de Maio continua para além de Maio, na década de 1970. Nada mudou. Tudo mudou. Tudo é como antes, nada é como antes. Qual dessas afirmações contraditórias é verdadeira? *Uma e outra.* Vejamos.

Nada mudou. A ordem política, social, econômica é restabelecida e funciona novamente. Mais tarde, são a crise de energia, a crise monetária internacional que perturbam a economia francesa, não as sequelas de Maio. A concentração econômica, a mercantilização de todas as coisas, a atomização dos indivíduos continua como antes, mais do que antes. O Estado se encontra, ao mesmo tempo, cada vez mais providencial e cada vez mais tentacular. Graças à informática, ele dispõe cada vez mais de uma enorme memória, de uma rede nervosa mais e mais cerrada, que tende a reduzir o indivíduo à condição de célula de um megaorganismo. Tudo se passa como se Maio de 68 não tivesse sido mais do que um espasmo de protesto no inelutável processo neoconcentracionário e hipermercantil. Mas, precisamente, o que mudou foi a existência a partir de então e o surgimento ora obscuro e difuso, ora virulento e violento, de um protesto e de uma aspiração a uma vida outra, uma sociedade outra.

Aliás, a única mudança aparente é a emergência "macroscópica" do esquerdismo, isto é, de uma "contestação" agora presente como fermento ideológico e virulência política. É a aparição e a difusão, nos rincões esquerdistas dos sindicatos e partidos, da aspiração autogestionária que transcende a reivindicação quantitativa de salário e a reivindicação burocrática de nacionalização.

---

[90] N. de T.: O título no original (*Mai si, Messie non*) forma um jogo de palavras que apresenta homofonia com a expressão *mais si, mais sinon* (sim, mas tirando isso).

No entanto, não há somente essas mudanças marginais, políticas e ideológicas. É nos subsolos da sociedade, é no ar que ela respira que alguma coisa mudou, que os vírus se encontram em plena ação. Nos subsolos, abre-se uma cavidade cada vez mais profunda, desmoronam-se os *fundamentos* de uma civilização; na atmosfera, *o espírito do tempo*, o que se pode chamar com o termo antiquado e preciso de "sensibilidade", se modifica... Mudanças imponderáveis, como numa lenta atenuação cruzada (*fondu-enchaîné*[91]), que somente no final poderá substituir a antiga paisagem pela nova.

Recordemos o período anterior a Maio de 68, ou seja, os anos 1960. Após a guerra da Argélia, tudo parecia dever se estabilizar sob o signo tecnoeconômico da "sociedade industrial". A partir de então, o crescimento torna-se o motor do "desenvolvimento" não apenas econômico, mas social, humano, moral...

Os *mass media* disseminam uma cultura padrão que promete o bem-estar e a felicidade, fornecendo as receitas. Carro, televisão, conforto, férias, elegância, sedução, engendram a vida autônoma, livre, informada, feliz...

Caminha-se para a liquidação das misérias, das graves desigualdades, dos conflitos sociais, das guerras. A União Soviética, ao se tornar liberal, e os Estados Unidos da América ao se regular, vão convergir para o mesmo tipo de sociedade assistencial e de democracia pluralista. O colonialismo desaparece em seus últimos sobressaltos para dar lugar ao desenvolvimento do terceiro mundo. O Gulag não existe, nenhum intelectual de esquerda o encontrou. A humanidade finalmente encontrou o solo firme da indústria para resolver seus problemas fundamentais.

---

[91] N. de T.: Em francês, *fondu-enchaîné*; em inglês, *crossfade*. Expressão que designa uma montagem em que uma imagem surge gradualmente enquanto a anterior desaparece, havendo uma sobreposição temporária entre as duas.

A história, a história convulsiva e monstruosa que na primeira metade do século havia suscitado duas guerras mundiais, fascismo e stalinismo, essa história era do passado, estava superada... Certamente, há uma corrente revolucionária na sociedade antes de 68. Mas a revolução consiste na tomada do poder de Estado pelo infalível partido-da-classe-operária, que instaurará por toda parte seu controle onisciente. Não se questiona a fragmentação do trabalho industrial, a cronometrização de todas as atividades, a atomização individual nas grandes aglomerações: *a existência é esquecida.*

A existência é varrida do pensamento. O existencialismo se marxizou e o marxismo se estruturalizou. Por mais opostos que sejam, o althussero-marxismo e o pensamento universitário dominante varreram, junto com a existência, a incerteza, o risco, o desconhecido, o sujeito, a história, e considera-se eliminar o conceito de homem, tornado obsoleto.

Assim, o período anterior a Maio avança num solo seguro. Seus mitos são otimistas e até mesmo causam euforia. Reinam os pensamentos e as visões unidimensionais.

A californização

O primeiro e imediato efeito de Maio de 68 é minar o subsolo. Tudo pode parar! Tudo pode desabar? Mas que mal é este (tão bem explicado pelo *Imprécateur* de Pilhes[92])? É verdade que tudo continua, mas acabou a segurança sem falha dos possuidores, dominantes, dirigentes. O solo, a partir de então, soa a

---

[92] N. de T.: *L'Imprécateur* [*O Praguejador,* tradução livre], romance de René-Victor Pilhes, lançado em 1974, ganhador do prêmio Femina. O livro aborda as possibilidades de crítica e corrosão dos fundamentos do capitalismo contemporâneo, focalizando as relações sociais no interior de uma empresa multinacional.

oco. A angústia, recalcada justamente nas galerias subterrâneas, ressurge ao menor alerta.

O segundo efeito de Maio de 68 é favorecer um novo espírito do tempo.

Ao longo dos anos 1970, eis que irrompem na França temas e atores vindos da Califórnia. Ali havia jorrado uma espécie de revolução cultural juvenil, trazendo consigo uma reivindicação ao mesmo tempo libertária e comunitária, existencial e social. Na irrupção desse gêiser cultural, o modelo dominante do americano branco, adulto, homem, protestante, se deslocava em proveito de um pluralismo aberto no qual o jovem, a mulher, o homossexual, o índio, proclamavam, em sua exigência de igualdade, sua diferença e não sua identificação. Ali, um neonaturismo adquiria forma cósmica, religiosa, e subitamente se cristalizava como consciência ecológica. Desde então, sob a luz californiana, Maio de 68 aparece como a variante explosiva, no tempo, de um fenômeno que lá se formou e desenvolveu num espaço privilegiado. O movimento juvenil de Maio foi, de certa forma, o equivalente francês do movimento juvenil da Califórnia. Mas Maio de 68, embora trouxesse consigo a mesma aspiração libertária, comunitária, não incluía o novo feminismo, a consciência ecológica, a cultura da diferença, a experiência de si, a fundação de pequenas comunidades de vida. Todavia, ele foi a ruptura e a brecha que permitiram, aceleraram e amplificaram esses desenvolvimentos posteriores.

Com efeito, na França, entre 1970 e 1975, vemos aparecer e se desenvolver esses novos atores culturais e sociais. A consciência neofeminista surge fundamentando sua reivindicação na identidade própria da mulher. A consciência ecológica desabrocha. Uma nova consciência regional se afirma, na qual a província, deixando de ser tradição integrada, torna-se patrimônio, ou mesmo pátria ameaçada.

Paralelamente, ocorre a grande experiência de Lip[93], que encabeça a busca pela aspiração autogestionária, enquanto experiências microcomunitárias proliferam em Cevenas, Arieia, Provença, e mesmo nas grandes cidades.

Essas aparições se manifestam, ao mesmo tempo, sob a forma de uma onda de choque dura, impactante, e de uma onda larga, que se difunde e mais ou menos se integra. Assim, o movimento feminista tem sua ponta de lança no MLF[94], mas ao mesmo tempo as grandes revistas como *Elle* e *Marie Claire*, que ofereciam as soluções pré-fabricadas da cultura de massa, abrem-se às aspirações da nova feminilidade. O movimento ecologista tem sua minoria de brigões, mas propaga uma mensagem de paz em todas as direções. Os neorregionalismos têm suas minorias terroristas e suas maiorias folcloristas. As experiências comunitárias e existenciais se dão por rupturas brutais com a sociedade, mergulhos arriscados no fundo de si mesmo, mas há também uma vasta onda de sensibilidade que passa de um a outro como um "baseado".

A reivindicação da diferença é ao mesmo tempo a reivindicação da existência contra a padronização robotizante, contra a atomização. Daí a unidade existencial da dupla aspiração, de

---

[93] N.de E.: No início dos anos 1970, os operários da Lip (renomada fábrica de relógios situada em Besançon, França) empreenderam uma série de ações de resistência contra um plano de demissão em massa previsto pela cúpula dirigente da empresa e, no processo de aprofundamento da greve e de ocupação da fábrica, realizaram uma singular experiência de "autogestão" e de democracia direta que repercutiu de maneira a mobilizar multidões na França e no exterior. Foi o conflito social mais midiatizado após Maio de 68.

[94] N. de T.: *Mouvement de Libération des Femmes* (Movimento de Libertação das Mulheres).

um lado, à comunicação e à comunidade, de outro, à autonomia e à liberdade.

A contraofensiva da existência vem muito tempo depois de o existencialismo ter feito *harakiri* no altar do marxismo. Mas a nova aspiração existencial vai se exprimir ideologicamente através do termo "desejo", acrescentado a todos os molhos, e este submerge o termo "estrutura". A aspiração de viver a sua própria vida não é mais tão recalcada e inibida quanto nos anos 1960. Ela assume um aspecto ora iluminista e ingênuo, ora furioso ou desesperado. Ela busca sua libertação na ioga, nas terapias de grupo, nas experiências alucinógenas, nas comunidades, no neoartesanato, na neorruralidade. E finalmente o lema *mudar a vida*[95] atravessa as membranas da velha ideologia e chega até o grande partido em pleno crescimento que o inscreve fielmente no seu brasão.

Simultaneamente a essa promoção da existência, há uma progressão da inquietude. Já disse que a ideologia tecnoeconomicista da sociedade industrial perdeu sua segurança, que seu solo soa a oco. Do lado da cultura de massa, a euforia dá lugar à problematização. As revistas que ofereciam suas receitas pré-fabricadas de felicidade se debruçam, a partir de então, sobre as dificuldades do casal, os mal-entendidos entre os seres, a solidão, a doença, o envelhecimento.

O sexo e a morte

Dois grandes tabus, que impunham silêncio, desmoronam sob o impulso do "desejo" e da inquietude: o sexo e a morte. O sexo, até então recalcado no privado, no oculto, no consultório, surge

---

[95] N. de T.: *Changer la vie* foi a locução escolhida para nomear programa do Partido Socialista, em 1972, antes dar título a seu hino, em 1977.

nas grandes salas de cinema, na grande mídia, nas conversas "bretécherianas[96]", nas disputas filosóficas. A morte, o último e o maior dos grandes recalques do nosso século, se reintroduz na vida e até se torna *best-seller*.

Uma aspiração profunda, de múltiplas faces, se infiltra, se dissemina. Ela questiona não apenas o poder do dinheiro, não apenas o "capitalismo", mas também a coerção disciplinar, a hierarquia, a burocracia. A divisão fragmentária do trabalho, a cronometria opressora dos horários, a atomização e a mecanização da vida urbana, que pareciam tão fatais quanto a lei da queda dos corpos ou da rotação da terra, são postas em questão, na prática (tentativas para escapar delas) e na teoria (e se uma outra organização social fosse possível?). Nessa nova sensibilidade difusa, oscila-se entre resignação e revolta, entre mal-estar e hábito. Interroga-se: "*Isso é viver?*". Observa-se a sociedade, o trabalho, a natureza, as mulheres de modo inteiramente diferente. Colocam-se questões que, outrora, pareceriam insensatas. Mas quando a recusa ou a aspiração se cristalizam, elas podem tomar a forma de uma ideologia simplista, de uma palavra mágica que focaliza o mal num termo maldito, o bem numa palavra-chave salvadora.

Os dois fundamentos racionalizadores da nossa ordem social – Ordem e Progresso – são atingidos. A clara oposição entre o reacionário e o progressista perde seus contornos e, às vezes, se inverte. Assim, o retorno à terra, o patriotismo provincial, que eram classificados "de direita" passam, de certo modo, "à esquerda". O que parecia absolutamente progressista e benéfico, o crescimento industrial, o progresso técnico, o desenvolvimento científico, o aumento da urbanização, o aumento da

---

[96] N. de T.: Referência a Claire Bretécher, célebre autora de história em quadrinhos, humorista e ilustradora francesa.

medicalização, o aumento da escolarização, revelam de repente um rosto reacionário, escravizador. Não produz o desenvolvimento econômico subdesenvolvimentos humanos, afetivos, intelectuais, morais? Por certo, colocar em dúvida a ideia de progresso não é de modo algum uma ação nova, mas [outrora] era categoricamente concebida como reacionária.

Eis a novidade: a partir de então, é do interior do progressismo que a ideia de progresso é minada. Ao mesmo tempo, o que aparecia como a própria racionalidade na organização social revela uma face delirante: a hiperdivisão, dita racionalização do trabalho, não é louca ao destruir todo interesse, toda responsabilidade e todo sentido na vida do trabalhador? A vida burocratizada, tecnocratizada, cronometrada não acarreta alteração física, opressão permanente? A loucura não está escondida no interior do que acreditamos ser a racionalidade?

A consciência ecológica, a consciência demográfica nos dizem que os atuais processos de crescimento, se continuarem, não podem causar senão desastres e morte. A proliferação da arma atômica, depois o perigo político-social que representam a indústria nuclear, os riscos de manipulações químicas no cérebro humano mostram que o progresso científico traz consigo não somente possibilidades de escravização e morte, mas sua probabilidade. Escapa a todo controle dos cientistas (*savants*) e vai reforçar todos os poderes de guerra e de dominação.

Eis que a morte aparece no horizonte de todo pensamento que escruta nosso mundo e nosso futuro. Não apenas a morte de cada um. Não apenas o aniquilamento coletivo total da humanidade, que já se encontra potencializado diversas centenas de vezes nos silos nucleares. Mas também a morte que surge na toda potência da ciência e na toda potência do Estado, e que avança no progresso técnico e industrial.

Obviamente, recalca-se esse pensamento, recalca-se a morte, recalca-se a angústia. Mas esse recalque deixa exalar, no espírito do tempo, uma inquietude, uma incerteza difusas.

As inquietudes, as aspirações, as interrogações da década de 70 permanecem vagas, impalpáveis. Quando se manifestam nitidamente ou de maneira aguda, são apenas locais e marginais. Por mais difícil que seja fazer diagnósticos no âmbito do imponderável, creio que do pré ao pós-68 passamos dos anos de pseudocertezas aos anos de incertezas. Passamos do mito da estabilidade, da perenidade, do progresso, da "civilização do bem-estar", da "sociedade de consumo", da sociedade sem crises, à problematização e ao questionamento. Malraux não estava errado ao diagnosticar em Maio de 68 uma "crise de civilização". O termo civilização carece de precisão, mas é nessa falta de precisão que reside sua verdade.

Sendo assim, maio de 68 aparece não como o gerador, mas como o revelador dessa crise (e é nesse sentido que é preciso concebê-lo como um "flash" que ilumina nossos subsolos sociais e culturais), depois como o catalisador, o acelerador, o conversor, o amplificador de uma metamorfose cultural que se preparava, na forma de crisálida, já na década de 60; é também a ruptura que rasga os invólucros embrionários e permite o desabrochar das novas formas. Por isso, maio de 68 é justamente o momento de transição, a Páscoa, a brecha por onde penetram as novas formas, os temas culturais, os problemas incubados, que germinavam de maneira insensível e invisível na década precedente, e que vão se disseminar a partir de então. E a brecha está sempre aberta, no flanco da nossa sociedade, que segue seu caminho...

TROIS CONTINENTS
UN MEME ENNEMI
UN SEUL COMBAT
UN MONDE NOUVEAU!!!

ASIE   AFRIQUE   AMERIQUE
                   LATINE

TRICONTINENTALE
Sorbonne
COMITE DES 3 CONTINENTS

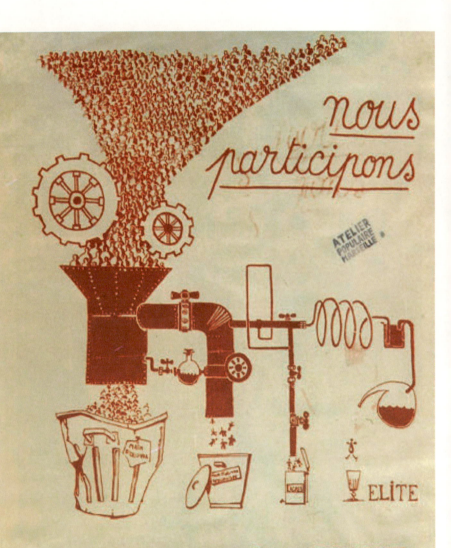

L'ORDRE

REGNE

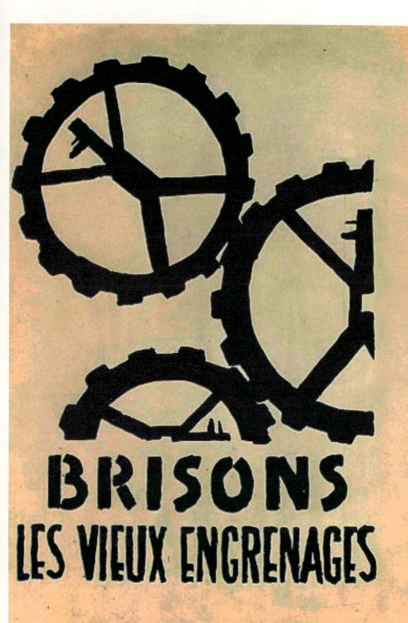

je participe

tu participes

il participe

nous participons

vous participez

ils profitent

3 – A regressão e a regressão da regressão

Consideremos, agora, o nível mais propriamente político do pós-maio. É aí que o efeito de maio parece produtivo e incontestável: depois da morte de maio, resta agora uma realidade esquerdista (*gauchiste*), de formas diversas, que passou da escala microscópica à escala macroscópica. Na esteira dessa passagem, há uma disseminação da ideologia oficial de maio, a vulgata marxista: a partir de então, desde os treze anos, nos liceus e colégios, fala-se em nome do proletariado, jura-se pela luta de classes e se reconhece que a fonte de todos os males é o capitalismo.

Ora, se minha interpretação é exata, o marxismo de vulgata (*vulgatique*) foi o código que permitiu aos atores se comunicarem entre si, mas sem exprimir a originalidade de um movimento, na verdade, metamarxista. Todavia, como os sobreviventes organizados de maio carregam a bandeira do marxismo, este se torna o selo de autenticidade de Maio de 68.

O resultado surpreendente do pós-maio é, portanto, a extraordinária difusão do marxismo de vulgata como descrição e explicação *passe-partout*. Incapaz de explicar maio, ele se torna a explicação do pós-maio. Isso responde a uma necessidade. O conhecimento da sociedade produzido pelas universidades é um conhecimento em migalhas, fragmentário e abstrato. Mais ainda: a sociologia oficial, a das enquetes quantificadas sobre questionários, nada viu, nada previu e se afunda no descrédito; o marxismo de vulgata responde à necessidade de coerência com seu dogmatismo, à necessidade de totalidade com seu totalitarismo, à necessidade de certeza com sua arrogância, à necessidade de orientação com a bússola que jamais perde o norte. Não são as ideias capazes de explicar a realidade que triunfam, não são as ideias falsas que necessariamente são eliminadas. A "seleção ideológica" favorece as ideias dotadas de um alto poder mitológico, que respondem às necessidades de certeza, e elimina facilmente as ideias pertinentes portadoras de incerteza. A vulgata marxista é justamente adequada para recalcar a incerteza, a inquietude, a angústia.

Assim, a difusão do marxismo de vulgata corresponde à degenerescência e à fossilização das ideias de maio. Isso significa que o pós-maio é um curso regressivo no qual degeneram as ideias regeneradoras e se fossilizam as ideias primaveris.

Mas a regressão trotskista, maoísta, marxista do pós-maio carrega seus próprios fermentos de crise. O aparelho trotskista, primeiro beneficiário da herança de maio, promete a revolução para o outono de 68, depois para o outono seguinte, depois patina. O maoísmo assume o comando, busca agitar fábricas e campos, depois o mito se racha (o pós-Revolução Cultural), se fissura (depois de Lin Biao[97]), se quebra em mil pedaços (a "camarilha dos quatro"). A crise do esquerdismo favorece o ressurgimento do aspecto existencial de maio, sob o efeito das mensagens californianas. Militantes decepcionados submergem, flutuam: mas muitas viagens paradisíacas terminam no inferno, muitas comunidades se deslocam e, ali também, há crises... É difícil viver consigo, com os outros, daí a necessidade de militar novamente; para alguns, o PC parece trazer a fórmula opera-

---

[97] N. de E.: Lin Biao (1907-1971), militante comunista, foi herói da luta pela liberação da China durante a invasão japonesa nos anos 1930 e também da Revolução Cultural de 1949. Por conta disso, se tornou um proeminente líder do Partido Comunista Chinês até disputar o poder com Mao e, logo em seguida, morrer em circunstâncias suspeitas, em um desastre aéreo nos céus da Mongólia. Sua possível eliminação ilustra o desencanto com o socialismo chinês e, sobretudo, com a Revolução Popular, a qual teve profunda ressonância na França dos anos 1960, quando jovens comunistas buscavam alternativas ao socialismo de estilo soviético.

cional, a ação revolucionária realista; o PS recolhe a aspiração revolucionária bem comportada (*assagie*).

Num sentido, a crise do esquerdismo e a difusão do marxismo alimentam o PC e PS com energias políticas novas. O PC permanece bastante esclerosado e não mantém por muito tempo os novos militantes, que vão se dispersar na natureza, mas é alimentado por um fluxo constante, que compensa as saídas. Nessas escleroses e crises, o PS renovado ganha impulso, na confusão, adotando a vulgata marxista para ganhar musculatura, mas totalmente desprovido de coluna vertebral. A partir de então, alguns anos após maio, pode-se refabricar e recolocar no comércio ideológico esse chiclete de menta artificial que se chama união da esquerda. Tudo parece recomeçar, como em 36. Mas, como vimos, essa esquerda continua doente, e o PS como o PC devem afrontar cada um dos problemas básicos.

Fenômeno admirável. A esclerose e a crise do esquerdismo alimentam o PS e o PC; a esclerose do PC, e mesmo sua crise de desestalinização, ora adormecida, ora desperta, alimenta o PS e o esquerdismo. O PS parece o único em plena saúde, mas sua corpulência é hidropisia, e carrega em si antagonismos que explodirão no dia em que chegar ao poder[98]. Por sua vez, as carências do PC e do PS alimentam o esquerdismo, que os alimenta com as suas. Dessa maneira, a esclerose e a crise de uns favorecem a sobrevida de outros, numa dança circular em que tudo parece se perpetuar na estabilidade e na saúde políticas, mascarando o fato terrível: o vazio radical desse espectro metafísico que se chama, com maiúscula, a Esquerda, e *sobretudo o caráter que se torna cada vez mais reacionário daquilo que se chama revolução.*

---

[98] Erro de previsão (Edgar Morin, 1988).

Em direção à última descoberta?

A esse respeito, nova crise no marxismo, periodicamente em crise, mas sempre invencível e sempre renascendo. Por um lado, essa crise vem justamente da saturação, da pobreza de sua explicação, da política que pretende se inspirar nela. Também foi preciso a viagem ao limite do sol maoísta, como diria Le Dantec, viagem ao limite da cegueira frenética, para que alguns, na amargura e no colapso de sua fé, realizassem o questionamento radical (que, aliás, pode conduzir a outros descaminhos, contrários). Foi assim que a ruína do mito maoísta, ao mesmo tempo que o surgimento do horror do Gulag, agiram como uma eletrólise ideológica, decompondo o que então parecia insolúvel: a ideia de marxismo e a ideia de revolução.

O fenômeno novo não é a denúncia do marxismo ou do horror dos regimes ditos socialistas. Isso fervilhava: à direita. E justamente porque isso era próprio "da direita", "na esquerda" evitava-se "fazer o jogo do adversário", proibia-se pensar horrores sobre o horror. A novidade é o surgimento de uma crise radical na esquerda. Certamente, essa crítica já existia nos infernos subterrâneos da revolução, nos anarquistas, em *Socialismo ou Barbárie*, mas justamente por isso recusava-se considerá-los como "verdadeiros" revolucionários. A novidade, repito-o, é que se possa começar a questionar o marxismo, não como teoria revolucionária, mas como teoria reacionária. Alguns, "à esquerda", já ousaram murmurar que o marxismo havia se tornado estatisticamente a ideologia mais reacionária da metade do século vinte. Alguns começam a tomar consciência de que o que hoje se chama revolução se tornou não apenas reação, mas a contrarrevolução mais feroz. Somente um partido comunista no poder pode matar mais comunistas do que os Pinochet e os generais argentinos.

Alguns começam a tomar consciência de que um formidável aparelho político, concentrando em si todas as competências, detentor da verdade da história, dispõe de um poder despótico quase ilimitado. Alguns começam a compreender que a apropriação, por esse aparelho, do lugar ontológico do povo lhe dá a possibilidade ilimitada de julgar, prender e matar em nome do povo silencioso. A apropriação por esse aparelho do lugar ontológico do proletariado, ou seja, a apropriação do papel messiânico da classe portadora da verdade da história é tão delirantemente reacionária quanto a apropriação da palavra divina pelos faraós antigos, pelos papas medievais, pelos monarcas de direito absoluto. Compreender-se-á que o problema-chave não é o do niilismo, nem tanto o da violência brutal que emerge de nossa sociedade decrépita, mas aquele da nova teologia dita revolucionária do partido ou do grupo que monopoliza a palavra do povo-deus, do proletariado-messias, e que se atribui a soberania ilimitada?

Para compreendê-lo, é preciso ir muito além de maio. Maio de 68 apenas abriu uma dialética progressiva-regressiva na cultura e na política revolucionárias. Como eu disse, essa dialética progressiva-regressiva é o prolongamento, na década de 70, da ambivalência de Maio de 68, de sua mistura de marxismo e metamarxismo, de seu coquetel de potencialidades mitológicas, elucidativas, libertárias, disciplinares. Na verdade, a grande regressão do marxismo de vulgata não recobriu tudo e essa regressão está, ela mesma, em regressão. Na verdade, o combate incerto continua. Elucidação e cretinização políticas crescem ao mesmo tempo, a segunda, até recentemente, em progressão geométrica, a primeira somente em progressão aritmética...

Maio de 68 foi a aspiração a uma outra vida, uma outra sociedade, uma outra política, que surgiu porque o Estado, as instituições, os grandes partidos foram então reduzidos ao silêncio. Mas essa aspiração estava intimamente misturada com aquilo de que queria se libertar: o sectarismo, o doutrinarismo, a raiva. Por essa razão, a mensagem de maio está baralhada, inacabada. Maio não é solução, mas nó górdio. Coloca para nós o problema de uma nova política, que não se fundará em ideias rígidas, numa ladainha, numa visão unidimensional do homem e da sociedade...

A aspiração de maio, incessantemente recoberta e submergida por suas próprias regressões e errâncias, renasce sem cessar. Renasce sem cessar porque as novas gerações fazem o reconhecimento cada vez mais rápido da sociedade liberal avançada e da ideologia revolucionária atrasada. A grande aspiração é cada vez menos absorvida pelas resignações à vida "socioprofissional", por ideologias *passe-partout*, pela grande mitologia carcomida. Mas a aspiração sempre vagueia, sempre se deixa mitificar, ainda que seja por pouco tempo, e com mais frequência retorna, se trai inconscientemente contribuindo para a manutenção e o triunfo da grande opressão do século. Estamos sempre no combate duvidoso.

O retorno da história

Na alvorada de Maio de 68 houve eleições. Para nada? Aparentemente, nada ocorre depois dos idos de março. No topo, o presidente vaselina se debruça sobre o que range, o que bate, para que tudo se banhe no óleo. Um primeiro-ministro *econocrata* nos ensina que o cálculo tudo resolve. A sociedade francesa gira. Tudo vive no dia a dia, no indefinido... Metrô, trabalho, televisão, sono, férias...[99] Tranquilidade no hexágono[100], como antes de Maio de 68, mas não haverá mais Maio de 68.

O que virá não o sabemos, pois é o inesperado que virá. Mas o que podemos saber é que a história, a história convulsiva e monstruosa, está ao nosso redor... A história não morreu no Vietnã, e a liquidação da opressão colonial inaugura novas opressões, novos conflitos, genocídios de um tipo novo. A história não morreu na África, que, como se diz, se "desestabiliza", e vemos que libertações podem imediatamente se transformar em seu contrário, uma vez que, no extremo do continente, se mantém a ignóbil dominação racial branca. O gulag não morreu no Leste, uma vez que a potência e a fragilidade do império stalinista crescem correlativamente. Os Estados Unidos sempre vacilam entre imperialismo e o fechamento sobre si mesmo. Os focos de guerra se reacendem. A arma atômica se multiplica, se dissemina, se neutroniza...

Em Maio de 68, um turbilhão fazia a França subir pelos ares. Talvez no presente estejamos no olho tranquilo de um gigantesco ciclone planetário em formação...

Continua...

---

[99] N. de T.: Aqui Morin faz uso de uma expressão que remete a um verso da coletânea de Pierre Béarn, *Couleurs d'usine,* na qual este autor expressa uma crítica ao ritmo de vida excessivamente regular e repetitivo: *métro, boulot, dodo* [metrô, trabalho, sono] é a síntese e símbolo da vida monótona do trabalhador urbano.

[100] N. de T.: Referência ao mapa do território continental da França metropolitana, que se assemelha à figura de um hexágono.

II.II.

Maio de 68:
complexidade e ambiguidade (1986)
por Edgar Morin

De início, num plano puramente histórico, quero ressaltar que sou talvez o único a ter elaborado análises ainda em Maio, no calor dos acontecimentos[101]; escrevi alguns artigos que foram publicados no *Le monde*: uma primeira série de artigos, "A comuna estudantil", teve início por volta de 15 de maio, creio eu, para terminar por volta de 20 de maio, e outra série, entre fim de maio e começo de junho, que se chama "Uma revolução sem rosto". De certa maneira, corri meus riscos intelectuais antes que o acontecimento tivesse acabado. Acrescento que, em seguida, fiz um artigo para a *Communication* em julho de 1968, depois um seminário em 1968-1969 sobre as interpretações das interpretações de Maio de 68.

Em primeiro lugar, durante esse seminário observamos algo que de modo algum surpreenderá o leitor: todas as interpretações *a posteriori* confirmam as teorias *a priori* dos intérpretes, ou seja, quando os sociólogos se lançam à explicação

---

[101] Antes mesmo de maio, em fevereiro de 1968, eu havia feito em Milão, na Itália, uma exposição sobre "A internacionalidade das revoltas estudantis", tentando conceber o fenômeno de contaminação dessas revoltas entre sociedades totalmente diferentes. Esse texto foi publicado sem modificações em meu livro *Sociologie* (Fayard, 1984), pp. 269-279. [Em português: *Sociologia*, Publicações Europa-América, 1984.]

dos acontecimentos, eles mostram como o acontecimento entra em seus esquemas.

O segundo elemento a considerar é que as interpretações se apresentam sob a forma binária de alternativas simples: ou é um acontecimento determinista que necessariamente deveria se cumprir, ou é um acidente aleatório; ou é uma crise de sociedade ou de civilização, ou é uma crise política; ou é um jogo, uma festa, um divertimento, um carnaval, ou é algo de infinitamente sério e até mesmo trágico; ou é uma revolução, ou é uma paródia de revolução; ou é genial e sublime, ou é monstruoso e estúpido; ou é importante, ou não tem importância.

Penso, ao contrário, que Maio de 68 nos impõe um pensamento metacartesiano, quero dizer, um pensamento que deve abandonar as ideias claras e distintas que catalogam, classificam e tipificam esse acontecimento, e pensar em conjunto as ideias contraditórias que lhe dizem respeito.

Desde o início creio tê-lo dito em todos os meus artigos, e vou repeti-lo: considero que toda explicação que elimina a surpresa e a incongruência do acontecimento é uma interpretação que elimina a informação que o acontecimento deveria nos trazer. O mais importante é o mais surpreendente e paradoxal, a saber, aquilo que dificilmente é explicável com os conceitos de que dispomos (e, aliás, esse é o ponto sobre o qual Castoriadis, à sua maneira, e eu, à minha, temos uma base comum). De minha parte, tentei conceber os acontecimentos segundo uma espécie de combinação de acaso e necessidade, no contexto, é claro, da internacionalidade das revoltas estudantis, sem as quais, evidentemente, não teria havido Maio de 68 na França, mas com seu caráter singular em relação a todas as outras, visto que o movimento estudantil desencadeou um movimento social de uma amplitude muito grande e abarcou processos aleatórios originais de deflagração e catálise, isto é, acontecimentos e acidentes que, de certa maneira, lançaram o foguete Maio de 68 numa velocidade supersônica. Em todo processo ascensional há uma espécie de estranha harmonia entre a audácia, digamos, do 22 de março, simbolizada por Cohn-Bendit, e a apatia tetanizada do Estado, que amargou a incapacidade não apenas de compreender o acontecimento, mas também de assegurar sua autoridade, pois é preciso dizer que esse movimento nascido de surpresa viveu da surpresa, ou seja, da incapacidade do poder de enquadrá-lo em suas categorias político-sócio-culturais.

De fato, o poder se viu atingido no baixo-ventre, na sua *nursery* sociológica, no viveiro de seus futuros pequenos chefes, de seus futuros pequenos quadros. O poder vivenciou o problema do pai que hesita em bater no próprio filho, e a tetanização da autoridade foi um elemento absolutamente capital, que permitiu a expressão de um aspecto maior do movimento que foi a contestação dessa autoridade – dois fenômenos que se engendravam um ao outro segundo uma causalidade em espiral que comandava todos os acontecimentos de Maio. No próprio movimento, houve uma dialética entre seu caráter evidentemente espontâneo, ruidoso e turbilhonante, e as tentativas de regulação do turbilhão em direções totalmente diversas (a regulação do tipo Cohn-Bendit, as tentativas de regulações diretivas dos trotskistas e dos maoístas, mas que não conseguiram controlar os acontecimentos).

Isso para precisar em que quadro conceitual me situei. Isso para dizer que não agitei a bandeira da palavra revolução como poderiam pensar os leitores apressados de Ferry-Renault[102]

---

[102] N. de T.: Alusão ao livro de Luc Ferry e Alain Renaut: *La Pensée 68. Essai sur l'anti-humanisme contemporain.* Paris: Gallimard, 1985. Em português: *O pensamento 68: ensaio sobre o anti-humanismo contemporâneo.* São Paulo:

segundo algumas citações que extraem de minha exposição. Devemos, portanto, retornar à dificuldade de compreender Maio de 68. A primeira dificuldade consiste na tentativa de conceitualizar sociológica e politicamente a noção de estudante. Além disso, é difícil conceitualizar a adolescência moderna, pois, evidentemente, nem o marxismo, nem o sociologismo, nem o bourdieusismo[103] (*bourdivisme*) têm categorias capazes de apreender a adolescência como fenômeno ao mesmo tempo biológico, cultural e histórico, nem de conceber a formação de um novo tipo de classe etária, o que não corresponde às antigas classes etárias tradicionais, pois a nova "classe" adolescente ocupa um *vacuum* moderno entre a infância e a idade adulta. Não se sabe muito bem quando a adolescência começa e sabe-se cada vez menos quando termina, na medida em que um estudante que atinge a maioridade permanece sociologicamente adolescente enquanto permanece estudante, ou seja, dependente e não integrado no universo produtivo adulto. A adolescência é um estágio de aspirações e de ambiguidades que abarca em sua virulência (mostrada no cinema nos filmes de James Dean) a recusa do estatuto menor da infância e a recusa da integração no universo tecnoburocrático da vida adulta.

Essas aspirações e recusas constituem o que podemos chamar de os "segredos da adolescência", segredos manifestos quando se lê Rimbaud. Em 1968, vai haver uma espécie de forte conexão entre as aspirações adolescentes, de um lado, e as aspirações ao mesmo tempo libertárias e comunitárias dos movi-

---

Ensaio, 1988.

[103] N. de T.: Referência crítica à visão sociológica de Pierre Bourdieu, considerada demasiadamente rígida por alguns devido à ênfase que o sociólogo confere aos mecanismos objetivos e subjetivos de reprodução da ordem social.

mentos revolucionários marginais, de outro. Aliás, esses encontros de aspirações já haviam se manifestado alguns anos antes no caldo de cultura da Califórnia, e depois, de modo mais geral, no caldo de cultura dos Estados Unidos. Na França, na catálise de Maio, as aspirações comunitário-libertárias da adolescência vão encontrar na ideia de revolução o Mito que lhes promete a Realização dessa aspiração. Portanto, Maio de 68 é um formidável movimento que simbiotiza a aspiração adolescente e o mito revolucionário e que arrastou não apenas os estudantes universitários, mas também a enorme infantaria de estudantes secundaristas ainda subpolitizada, que seguirá os líderes estudantis. Aqui, a sociologia oficial não pode explicar como esse mito revolucionário se encarna tão fortemente nos jovens burgueses que tal sociologia destinava a assegurar a sempiterna reprodução do sistema burguês.

Portanto, voltemo-nos agora a essa ideia de revolução. No que me concerne, disse no meu primeiro artigo, "A comuna estudantil", que Maio é *como uma revolução* e que é uma "experiência utópica". Insisto no aspecto antiautoritário dessa revolta e, para mim, a feição que teve esse acontecimento que vivi, repito-o, com alegria, é anti-hierárquica, antiautoritária, libertária, fraternal. Foi um êxtase da história, ou seja, um desses momentos em que a prosa da cronologia, a opressão cotidiana são suspensas, o que permite um pouco de deleite. Experimentei alguns desses êxtases, especialmente na Liberação de Paris, em abril em Portugal... Eu estava ainda mais feliz em Maio de 68 porque pensava que nem os maoístas, nem os trotskistas, nem os stalinistas tomariam o poder, do contrário, eu teria me sentido apavorado. Aliás, nessa mesma época, uma amiga romena, que finalmente tinha obtido autorização para regressar a Paris, me dizia o tempo todo: "Imploro a vocês: não façam uma democracia popular na França". Era possível compreender suas legítimas inquietudes. É claro que eu a tranquilizava, até porque, para mim mesmo, eu havia posto sob uma auréola, posto em segundo plano os aspectos do movimento que, a meu ver, eram negativos ou inquietantes (aspectos que um Aron colocava em primeiro plano).

Como a revolta adolescente desencadeou e conduziu a revolta popular dos operários e assalariados? Houve um fenômeno, difícil de compreender, de "luta de classes etárias", que provocou também uma luta social, sem deixar de ser uma luta de classes etárias. A esse respeito, remeto às minhas análises da época.

Refiro-me agora à nossa visão do fenômeno de Maio vinte anos depois. Em primeiro lugar, os acontecimentos de 1968 a 1973 nos revelam e desdobram os dois núcleos de Maio de 68: de um lado, o núcleo comunitário-libertário bem simbolizado por Cohn-Bendit, e, de outro, o núcleo militante marxista. Obviamente, o núcleo comunitário-libertário falava o jargão do militante marxista, mas a mensagem real era completamente diferente. Ora, esses dois núcleos geraram, até 1973 aproximadamente, duas ramificações diferentes, duas consequências diferentes. Houve, de um lado, uma reivindicação existencial *hic et nunc*, que se juntava àquilo que se chamou a contracultura americana: "é preciso aqui e agora mudarmos nossa vida, é preciso que *eu* mude minha vida". Daí as tentativas de viver em comunidade, o interesse voltado à relação ecológica, depois as aspirações femininas e aquelas das diversas minorias. Esse aspecto comunitário-libertário aflorou com menos força na França não apenas em comparação aos Estados Unidos, mas, sem dúvida, em comparação aos países anglo-saxões e germânicos; ainda assim, teve certa amplitude. De outro lado, desenvolve-se o movimento militante marxista, primeiro com a onda trotskista, depois a onda maoísta, e, nessa ocasião, difunde-se ao mesmo tempo o que chamo a vulgata marxista de segundo tipo. Qual era a vulgata de primeiro tipo? Aquela que funcionava em favor da União Soviética e na qual Moscou era a Jerusalém do proletariado-Messias. Na segunda vulgata, o proletariado terceiro-mundista assume a sucessão do messias. A Jerusalém se desloca até Pequim, mas o que permanece, através dessas variantes, é a religião de salvação terrestre. Tal como o cristianismo teve suas variantes, desvios, heresias, o comunismo conheceu os seus, embora todos dependentes da grande religião de salvação terrestre. A diferença está em outro lugar: enquanto as outras religiões sabem que são religiões, o comunismo se considera científico. Assim, o marxismo acredita ser o dono da ciência que detém os mandamentos e as Tábuas da Lei. À esquerda também foi preciso tempo para identificar essa religião camuflada de ciência e aparentemente antirreligiosa. Houve, depois de 68, uma difusão muito rápida do marxismo de vulgata na juventude secundarista e universitária e, notadamente, nas regiões que ficaram desoladas pelo desmoronamento da sociologia "burguesa".

Temos, assim, esses dois movimentos: um libertário-comunitário, outro marxista-leninista-religioso. Eles são divergentes, mas é possível passar de um a outro. O trotskista decepcionado pode se reconverter em *neo-hippie* ou *baba cool*: o *hippie* decepcionado pela comunidade vai ao partido que prepara com seriedade a "verdadeira" revolução.

Tudo isso desmorona a partir de 1973, e hoje podemos discernir que os anos entre 1973 e 1976, quando esmaecem as duas mensagens de 68, são anos de viragem nos quais sobrevêm duas coisas muito importantes em conjunto: a crise econômica e a crise mitológica. Tal como o mito da União Soviética se autodestruiu por si mesmo graças a Nikita Khrushchov[104] em 1956, o mito da China se autodestruiu de 1971 a 1978 graças a Mao Tsé-Tung, a Lin Biao, à camarilha dos quatro[105], a todos os acontecimentos grotescos, o mito do comunismo cambojano se autodestruiu com Pol Pot[106] (1976-1978), o mito do Vietnã libertador se autodestruiu com os *boat people*[107] (1976) e a colonização do Camboja (1978); mesmo Cuba, o miniparaíso tropical, se transformou num pequeno inferno (*enfer de poche*).

---

[104] N. de E.: Nikita Khrushchov (1894-1971) foi líder soviético de 1953 a 1964, tendo sido sucessor de Stalin. Chegou ao poder após a morte do antigo líder e depois de uma luta intestina no Partido Comunista Soviético. Denunciou os crimes de Stalin, enfrentou a linha-dura do Partido, buscou a coexistência pacífica entre as superpotências e protagonizou a crise dos mísseis – tendo, ao final, chegado a uma solução pacífica junto com o então presidente americano John Kennedy. Caiu vítima de uma intriga palaciana. A respeito dele, Morin se refere à invasão soviética da Hungria de 1956, quando os soviéticos, sob a liderança de Nikita, suprimiram a revolução que ocorria naquele país, talvez no primeiro grande episódio (para o Autor, o episódio decisivo) no qual o papel da União Soviética no plano internacional foi severamente contestado.

[105] N. de E.: A Camarilha dos Quatro era o grupo liderado por Jiang Qing (1914-1991), esposa de Mao Tsé-Tung e alta dirigente comunista, a quem foram atribuídas as principais atrocidades da Revolução Cultural, não sem razão, mas talvez com certo exagero no contexto de disputas pelo poder após a morte de Mao. Jiang foi condenada à prisão perpétua, suicidando-se quando foi solta para tratamento médico no início dos anos 1990. Seus acusadores eram o grupo de Hua Guofeng (1921-2008), ironicamente o sucessor designado de Mao, o qual foi colocado na berlinda depois de cinco anos de governo (1976-1981) pelos revisionistas liderados por Deng Xiaoping (1904-1997), que mudaram a face da China e permanecem no poder até hoje.

[106] N. de E.: Pol Pot, nome adotado por Saloth Sar (1925-1998), foi líder do Camboja durante dois anos (1976-1978), chegou ao poder por meio de um movimento camponês que derrotou uma recém-instaurada ditadura militar; crítico do que considerava ingerência vietnamita sobre o comunismo cambojano, e por conseguinte adversário da influência soviética, se tornou aliado da China e, além de alimentar a cisma no bloco socialista entre chineses e soviéticos, comandou um enorme genocídio em seu país, até ser derrotado pelo recém-unificado Vietnã comunista.

[107] N. de E.: "Povo dos barcos", nome pelo qual ficaram conhecidos os refugiados vietnamitas que abandonaram seu país depois da consolidação da hegemonia comunista, fugindo pelo mar em embarcações improvisadas.

Tudo isso se autodesmistificou simultaneamente. A decomposição da salvação terrestre provoca o colapso do marxismo. O marxismo, que resistiu a todas as refutações, a todas as pressões, a todos os argumentos, adormece repentinamente no tédio. O antigo terror intelectual que intimidou a *intelligentsia* de esquerda faz, agora, ela bocejar. As fórmulas mágicas ditas científicas que invocavam o proletariado, que invocavam o Messias e a Revolução, tornam-se litanias monótonas e palavrórios. Até os marxistas ortodoxos sentem vagamente que entediam. Isso bem mostra que a virtude dita científica do marxismo consistia antes de tudo em sua virtude religiosa. O que de modo algum me faz enviar Marx às masmorras. Para mim, ele continua sendo um grande pensador, mas – por favor! – vamos tirá-lo do pedestal!

Por outro lado, em 1973, uma crise econômica chega sutilmente. Essa crise vai afetar o aspecto libertário-comunitário de Maio que a filosofia do "desejo" exprimia simbolicamente. Vocês se lembram que depois de Maio, durante três anos, as pessoas não se relacionavam a não ser dizendo: "Qual é o seu desejo?". Tudo era desejo. Ora, essa irrupção do desejo, essa primazia do desejo, essa negação de toda coerção ao desejo, esse desejo como força produtiva e como infraestrutura, em suma, esse barco do desejo se choca contra o rochedo da crise econômica: a filosofia do desejo evapora. A necessidade de encontrar um emprego, na conjuntura de crise, suplanta a aspiração de abandonar um trabalho alienante, que havia se expressado numa conjuntura de pleno emprego. É preciso sobreviver antes de sonhar em viver a vida, e, a partir de então, busca-se aquilo de que se queria escapar, a saber, um trabalho sem qualquer interesse. A coincidência da crise econômica e da crise mitológica enfraquece consideravelmente todas essas correntes: tanto a salvação individual comunitária da contracultura quanto a salvação política do marxismo. O desejo de mudar de vida foi alvejado existencialmente, economicamente e mitologicamente. E ainda estamos nessa época. Por conseguinte, o cometa de Maio de 68 se situa, hoje, num lugar diametralmente oposto do nosso céu: ele está do outro lado do sistema solar; ele está na sombra. Estamos na época em que predominam as interpretações pejorativas de Maio, ao passo que, nos anos do pós-Maio, predominavam as interpretações favoráveis. Nessas condições, aprofundam-se a crise do fraternalismo e a crise do espontaneísmo; não há apenas o retorno da autoridade enquanto autoridade, há também, um pouco em todo lugar, a aparição de um neofundamentalismo e a busca de um princípio legítimo de autoridade. Isso se manifesta sob diversas formas de retorno à origem (regionalistas, naturalistas, republicanas) e também pela busca da ARCHÉ, princípio e fundamento para exorcizar o niilismo, o ceticismo, a atomização, o desespero. A meu ver, este é um dos sentidos do fenômeno não só espalhafatoso e publicitário dos *"nouveaux philosophes"*[108]. Houve não apenas o efeito de desqualificar radicalmente a vulgata marxista, mas também de iniciar uma busca recorrente dos fundamentos religiosos antigos (cristianismo, judaísmo, islamismo). São alguns dos principais atores de Maio que se tornam os neofundamentalistas da *Torá* e do *Talmude* ou então dos *Evangelhos* ou ainda das místicas orientais.

---

[108] N. de E.: Os autoproclamados *"nouveaux philosophes"* (em português, "novos filósofos") projetam-se na França em meados dos anos 1970. De caráter marcadamente midiático e editorial, possuem em seus quadros principalmente ex-militantes maoístas que aliam a "denúncia" do totalitarismo à rejeição fervorosa do marxismo. No cerne dessa reconversão, via de regra, mesclam-se particularmente os discursos moralistas humanitários à gradual adesão ao liberalismo econômico. Dentre as principais figuras dessa "nova filosofia" estão André Glucksmann, Bernard-Henri Lévy, Christian Jambet, Guy Lardreau, Jean-Paul Dollé.

Sendo assim, enquanto em 1977-1978 eu ainda acreditava que Maio de 68 constituía *o* corte epistemológico decisivo desde a guerra, hoje considero que ele constitui o primeiro estágio ambivalente de um corte que se tornou efetivo em 1973-1978 e que, portanto, levou cinco anos para adquirir um rosto (*prendre visage*).

Estamos, hoje, numa época de reinterrogação profunda, e também devemos reinterrogar Maio, mas sem destruir sua complexidade. Mantenho a ideia de nosso título, *A Brecha*. Maio foi uma brecha numa linha d'água cultural, e, a esse respeito, diria que seus efeitos são essencialmente efeitos de brecha e de subsolo. Tudo continua, porém nada é mais exatamente como antes. É este o problema também. Tudo mudou e nada mudou. O que mudou? Não apenas a diáspora de certas ideias de Maio que entraram na cultura, mudanças imperceptíveis nas relações homem-mulher ou nas relações com a natureza trazidas pela difusão do ecologismo. A nuvem radioativa das ideias de Maio (perdoem-me essa metáfora contemporânea) se desintegrou sem deixar de impregnar um pouco todas as coisas. Depois de Maio de 68, os tabus recuaram.

Além disso, há duas coisas importantes: a primeira é que nada mudou na superfície, mas surgiu a consciência de que não há mais fundamento seguro. O que me surpreendeu na intervenção do diretor do IEP[109] de Lyon é que ele terminou falando da *escuridão* que está sob nós. Nossa sociedade está construída sobre a escuridão. Percebe-se que há uma escuridão sob a sociedade. É o fim, como já ressaltei, do mito eufórico de uma so-

---

[109] N. de T.: *Institut d'Études Politiques* (Instituto de Estudos Políticos).

ciedade industrial racional que resolve os problemas solucionáveis da humanidade. A impressão de que o subsolo é frágil não desapareceu, e, com certeza, foi mantida pelas ameaças diversas que correm pelo mundo, pela humanidade – ameaças não apenas econômicas, mas também de fome, destruição ecológica, barbárie técnica e, evidentemente, de guerra, nuclear ou não. Há uma sensação difusa de que algo está minado, frágil e que se vive o dia a dia.

A segunda coisa que mudou depois de Maio foi o espírito do tempo. Num livro intitulado precisamente *O espírito do tempo* (1952), eu havia estudado a cultura industrializada, a das "mídias", a *mass culture,* segundo o termo americano, em que eu via, de alguma maneira, a mitologia do individualismo hedonista na sociedade burguesa e urbana contemporânea. Essa cultura estava eufórica até 1968. Se vocês lerem as revistas femininas de antes de 68, dizia-se às mulheres: "Sejam belas, vocês seduzirão seu maridinho, seduzirão seu amante...". Tudo era eufórico como os filmes que terminavam com um *happy end.* Depois de Maio de 68, essa cultura se torna problemática e aborda os problemas da vida sem trazer solução eufórica. As revistas dizem: sim, com toda certeza envelhecemos... podem usar alguns cremes antirrugas, mas é preciso que vocês se habituem a esse novo estatuto, as crianças crescem, o marido dá no pé... Fala-se da velhice, da solidão. Lembro que o individualismo que impressiona o espírito de alguns hoje em dia é anterior a Maio de 68. Maio de 68, repito-o, é, ao mesmo tempo, comunitário e libertário. Claro que o libertarismo pode muito bem derivar para o liberalismo econômico ou se moderar enquanto liberalismo político, mas para isso foi preciso o colapso do mito da revolução e o fracasso da contracultura. Por conseguinte, o individualismo hedonista que retorna entre os anos 1975 e 1985 é mais a consequência do fracasso ou do colapso dos mitos de Maio do que o motor secreto desses mitos.

Chego à minha conclusão.

Hoje, pessoalmente, diria *grosso modo* que sou, ao mesmo tempo, direitista (*droitier*) e esquerdista. Quando digo esquerdista quero dizer que, para mim, a ideia de que é preciso uma grandiosa mudança, uma grandiosa reforma das relações humanas, entre as nações, entre as sociedades, no interior dos grupos, entre si e outrem, entre si e si mesmo, essa ideia permanece muito presente em mim. Não sei muito bem como realizá-la e, de imediato, prefiro salvaguardar os valores direitistas de liberdade e de democracia, evidentemente. Assim, estou condenado seja a certa esquizofrenia, seja a uma complementaridade dialógica entre as duas atitudes. Além disso, para mim a palavra revolução agora está contaminada. Se tivesse que refazer meus artigos de Maio de 68, eu a empregaria com menos frequência ou com precaução.

Eu também a empregava com um sentido ardente, embora, de modo algum, se tratasse para mim da revolução tal como a entendiam os maoístas e trotskistas. Hoje a palavra revolução está demasiadamente conspurcada: por ora, podemos colocá-la em repouso e em desinfecção. Veremos.

Segunda coisa, repito que havia atenuado ou deixado em segundo plano os aspectos de Maio dos quais eu não gostava. Assim, quando eu escutava "CRS-SS", isso me parecia estúpido, mas me parecia, também, epifenomenal. Talvez eu tenha querido excessivamente ver como epifenomenal o sectarismo militante e o fanatismo exaltado (*enragé*). Pensava, e continuo a pensar, que o núcleo inventivo, ardente, libertário-comunitário é o essencial de Maio. Mas é preciso ver *tudo*, e ver ao lado da invenção de fórmulas, o retorno do palavrório. Houve genialidade *e* cretinismo.

Enfim, creio que há o problema do fraternalismo. Sou alguém que acreditou no fraternalismo em suas diferentes formas e creio que tive uma forte tendência a escamotear o problema, não do paternalismo, mas da autoridade assumida e responsável. Não sou lacaniano, não vou discorrer sobre o falo, mas penso que é preciso repensar o problema da autoridade e da responsabilidade. É uma das nossas tarefas atuais. É normal que as experiências anteriores retroajam sobre os grandes acontecimentos passados e modifiquem nossa visão. O que significa que nossa própria visão atual não é eterna e absoluta e que muitos acontecimentos futuros farão com que a modifiquemos outra vez. É preciso que estejamos prontos para revisar nossa revisão. Georges Lefebvre mostrou muito bem aquilo que ocorre sem trégua com a Revolução Francesa, cuja visão se transforma incessantemente em função da experiência vivida pelas gerações que se sucedem. Deveríamos fazer o mesmo com Maio de 68 e, além disso, nunca esquecer de respeitar sua complexidade. É isso que me parece o mais importante.

II.III.

Os movimentos dos Anos Sessenta[110] (1986)
Por Cornelius Castoriadis

A "interpretação" do Maio de 68 em termos de preparação (ou de aceleração) do "individualismo" contemporâneo constitui uma das tentativas mais extremas que eu conheço – em que se pese a incontestável boa-fé dos autores – de reescrever, a despeito de toda verossimilhança, uma história que a maioria de nós viveu; de alterar o sentido dos acontecimentos enquanto eles ainda estão, se posso assim dizer, quase quentes. Tudo aquilo que introduziu uma inovação formidável, e cujos efeitos em geral ainda se fazem presentes na vida das sociedades contemporâneas e da sociedade francesa em particular, é apagado

---

[110] Fragmento de um texto sobre Maio de 68 cuja íntegra foi publicada na revista *Pouvoirs* (n°39, 1986). A primeira parte, não publicada aqui, discute a questão da interpretação dos acontecimentos históricos. Aqui, nas páginas que seguem, é criticada a interpretação do Maio de 68 por Gilles Lipovetsky (*L'Ère du vide. Essai sur l'individualisme contemporain*. Gallimard, 1983) e por Luc Ferry e Alain Renaut (*La pensée 68. Essai sur l'antihumanisme contemporain*. Gallimard, 1985), que, embora aleguem um "pluralismo interpretativo", privilegiam fortemente as teses de G. Lipovetsky. Sem este privilégio, aliás, a ligação que eles tentam estabelecer entre o movimento de Maio e aquele que decidiram nomear, curiosamente, "o Pensamento 68", desmorona. É evidente que a discussão desta parte do trabalho desses três autores – que contam todos com minha estima e minha simpatia – não implica a rejeição daquilo que eles trazem, por outro lado, em suas obras: as finas análises antropológicas de Lipovetsky ou a vigorosa crítica de Ferry e Renaut das diversas imposturas que dominam há muito tempo a cena intelectual francesa. É ainda mais lamentável que Ferry e Renaut tenham acrescentado a uma análise errônea do Maio de 68 um vínculo completamente falacioso entre os acontecimentos e uma constelação ideológica que lhes é completamente estranha.

nessa perspectiva. As semanas de confraternização e de solidariedade ativa, quando se dirigia a palavra a qualquer um na rua sem o receio de passar por louco, quando qualquer motorista parava para dar carona a alguém – a verdade de tudo isso teria sido então o egoísmo hedonista. "Converse com seus vizinhos", *slogan* escrito sobre os muros em Maio de 68, estaria preparando dissimuladamente o isolamento moderno dos indivíduos em sua esfera privada. Os *sit-in* e *teach-in* de todo tipo, nos quais professores e estudantes universitários, docentes e alunos de colégio, médicos, enfermeiros e pessoal auxiliar, operários, engenheiros, contramestres, quadros comerciais e administrativos ficavam durante dias e noites discutindo seu trabalho, suas relações, as possibilidades de transformar a organização e as finalidades de suas ações conteriam em germe a visão do outro como "*gadget burlesco*"[111]. Quando, no grande anfiteatro abarrotado da Sorbonne, os "delegados" das categorias as mais heteróclitas e as mais improváveis da população – de aposentados a pessoas com deficiência – se levantavam para requerer que, enfim, a sociedade os escutasse e compreendesse, sem dúvida não sabiam o que estavam dizendo ou fazendo.

No movimento de Maio e por meio dele houve uma formidável ressocialização, ainda que ela tenha se revelado passageira. As pessoas não pediam para sentir o calor e o odor umas das outras, nem somente para "estarem juntas". Elas estavam animadas pelas mesmas disposições: negativamente, uma imensa rejeição da futilidade vazia e da estupidez pomposa que caracterizavam então o regime gaullista, como hoje o regime mitterrando-chirraquista[112]; positivamente, o desejo de uma maior

---

[111] N. de T.: *Gadgetloufoque*, expressão de G. Lipovetsky.

[112] N. de E.: Referência à chamada "coabitação", na qual a presidência estava nas mãos do socialista Mitterrand e o governo com o premiê gaullista Jacques

liberdade para cada um e para todos. As pessoas buscavam a verdade, a justiça, a liberdade, a comunidade. Não puderam encontrar formas instituídas que encarnassem duravelmente esses objetivos. E – esquece-se quase sempre – elas eram uma minoria no país. Esta minoria pôde se impor durante várias semanas sem terror ou violência: simplesmente porque a maioria conservadora tinha vergonha de si mesma e não ousava se apresentar em público. A minoria de Maio teria podido talvez tornar-se uma maioria se tivesse ido além da proclamação e da manifestação. Mas isso implicava uma dinâmica de um outro tipo, na qual, visivelmente, ela não quis nem pôde entrar. Se quisermos compreender onde estava o "individualismo" em Maio de 68, devemos então refletir sobre aquilo que, após a modificação dos acordos de Grenelle, selou a desintegração do movimento: o reabastecimento das bombas de gasolina. A ordem foi definitivamente reestabelecida assim que o francês médio pôde novamente, no *seu* automóvel, com *sua* família, dirigir-se à *sua* residência secundária ou a *seu* local de piquenique. Isso lhe permitiu, quatro semanas mais tarde, conferir 60% dos votos ao governo.

Tampouco se pode pura e simplesmente ignorar, como o quer a moda atualmente, os "conteúdos" do movimento, quer dizer, a *substância* das reivindicações e a *significação* das formas e dos modos de atividade. A atmosfera "ideológica" de Maio – como, essencialmente, a dos movimentos dos Anos Sessenta – era composta de uma mistura de ideias "revolucionárias tra-

---

Chirac, mais tarde presidente francês, fenômeno que se deu entre março de 1986 e maio de 1988, em virtude da vitória conservadora nas eleições parlamentares, gerando um curioso embate entre presidência e governo. O mesmo fenômeno também se repetiu nos anos finais da presidência de Mitterrand, enunciando as incertezas e falhas do sistema político francês, mas também ressaltando certas semelhanças entre as forças hegemônicas.

dicionais" e de crítica, ou de superação (*dépassement*), sem dúvida frequentemente embrionária e confusa, das formas e dos conteúdos tradicionais do "movimento operário" ou "socialista". Isso se nota inclusive na confusão e nas ilusões de muitos participantes. Mesmo as piores das mistificações que tiveram curso antes, durante e, sobretudo, após Maio eram sustentadas pelo desejo de ver realizado em algum lugar um estado de atividade coletiva auto-organizada e espontânea. As pessoas que eram "pró-chineses" não o eram porque esperassem que a China realizasse uma sociedade nazista ou mesmo "leninista", elas o eram porque sonhavam que lá estivesse em curso uma verdadeira revolução, que as massas estivessem eliminando a burocracia, que os "*experts*" estivessem sendo colocados em seu lugar, etc. Que este desejo tenha podido, neste caso, engendrar ilusões virtualmente criminosas, é uma *outra* discussão. Mas a "Grande revolução cultural proletária" era glorificada *porque* ela teria (pretensamente) significado uma liberação da atividade e da criatividade do povo – não porque favorecesse a introdução do taylorismo ou da técnica industrial.

Já falei[113] da crítica e da recusa das formas de organização tradicionais que caracterizaram o movimento; complementarmente, seria necessário compreender o que significa, enquanto *conteúdo*, uma *forma* tal como o *sit-in* ou a assembleia aberta. Mas seria necessário, sobretudo, cessar de eliminar pura e simplesmente, ou de contrabandear no barco do individualismo, as modificações consideráveis na realidade (e na instituição) social introduzidas pelos movimentos dos anos 1960-1970, e por eles *explicitamente visadas*. Seria porque a sociedade evoluiu que a liberdade em relação à contracepção ou ao aborto

---

[113] Na parte não publicada aqui deste texto.

penderam do plano da autonomia dos sujeitos àquele do hedonismo sem princípios? Os movimentos dos anos 1960 nada têm a ver com as modificações nas relações entre pais e filhos ou entre os sexos – ou ainda, deveríamos ver nessas modificações, com Debray[114], a "vitória da razão produtivista", da "lei do objeto mercantil" e da "ideologia capitalista"? Será que o fato de que os negros nos Estados Unidos tenham podido atenuar um pouco a discriminação racial que sofriam não tem interesse do ponto de vista da autonomia individual e social? E o questionamento dos conteúdos e das formas tradicionais do ensino, bem como do tipo de relação tradicional professor-aluno – com a pequena parte de seus efeitos que continuam ainda inscritos na realidade –, por que caiu totalmente no silêncio? Aderiu-se então completamente às posições pomposamente afirmadas por Althusser já em 1964 face aos primeiros sinais do descontentamento estudantil, a saber, que ninguém poderia questionar o conteúdo do ensino (ou sua estrutura), visto que este tem por encargo transmitir o saber científico e objetivo? Esqueceu-se que, antes de 1968, tanto para os poderes estabelecidos como para as organizações "de esquerda" um único problema relativo ao ensino era admissível, o dos créditos e das bolsas? O fato de que hoje, graças à Restauração e a seu instrumento em matéria de educação, o sr. Chevènement, tenha-se voltado a vilipendiar a "pedagogia" e que se tenha aproveitado das reações suscitadas por exageros e extremismos ridículos e nefastos, aqui como em

---

[114] Régis Debray (1940), filósofo francês seguidor de Louis Althusser, foi amigo pessoal de Che Guevara e Fidel Castro, tendo produção intelectual e atuação prática ligada à luta anti-imperialista no Terceiro Mundo, em meio às guerrilhas, motivo pelo qual chegou a ser preso na Bolívia. É o criador da chamada doutrina foquista e autor de várias obras, dentre as quais o célebre *Revolução na Revolução*, que teve profunda influência entre os jovens brasileiros durante a ditadura militar brasileira (1964-1985), inspirando a própria resistência armada ao regime.

toda parte, para apagar as questões de base, não altera em nada a situação. Eu gostaria muito que alguém contestasse por um momento, com argumentos racionais, o direito dos alunos de colocarem, desde que disso sejam capazes, a questão: por que e em que o que vocês nos ensinam é interessante ou importante? Gostaria muito que alguém refutasse a ideia de que a verdadeira educação consiste também em levar os alunos a terem a coragem e a capacidade de colocar esse gênero de questões e de discuti-las. E gostaria muito que alguém mostrasse que não foram os movimentos dos anos 1960, mas a "reforma Haby", a "reforma Chevènement" ou a futura "reforma Monory" que os levaram a ter consciência da sociedade.

É estranho ver chamar hoje "pensamento 68"[115] um conjunto de autores que viram sua fama aumentar após o *fracasso* de Maio de 68 e de outros movimentos do período, e que não desempenharam nenhum papel, nem mesmo na mais vaga preparação "sociológica" do movimento, porque não somente suas ideias eram totalmente desconhecidas dos participantes, como eram diametralmente opostas às suas inspirações implícitas e explícitas. A distribuição, durante a noite das barricadas do *Quartier Latin*, de uma antologia dos escritos dos autores analisados por Ferry e Renaut teria, na melhor das hipóteses, provocado um riso sem-fim, e, na pior, uma debandada dos participantes e a dispersão do movimento. A inscrição bem conhecida nos muros da Sorbonne: *Althusser para nada* (*Althusser à rien*) dispensa comentários. Na Paris dos anos 1960, ninguém que estivesse no gozo de suas faculdades mentais e que conhecesse o personagem e seus escritos teria sonhado que Lacan pudesse ter qualquer tipo de relação com um movimento social

---

[115] Por L. Ferry e A. Renaut, no livro citado.

e político. Foucault não disfarçava suas posições reacionárias até 1968 (ele falava menos, é certo, da maneira pela qual ele as tinha colocado em prática durante uma greve de estudantes em Clermond-Ferrand em 1965). O desaparecimento do sujeito, a morte do homem e as outras asneiras disso que eu chamei Ideologia francesa[116] já circulavam há anos. Seu corolário inelutável, a morte da política, podia ser explicitado sem dificuldades (e o foi por Foucault, pouco depois de Maio de 68: toda política sendo uma "estratégia", ela não poderia senão lograr estabelecer contrapoderes, poderes, *portanto*); o que é visivelmente incompatível com as atividades às quais se entregaram os participantes dos movimentos dos anos 1960, incluindo Maio de 68.

Dir-se-á que se trata aqui dos "conteúdos manifestos" e que nada impediria, sob a boa Astúcia da Razão, que os participantes de Maio de 68 fossem movidos por ideias radicalmente opostas àquelas que professavam e que tentavam explicitamente realizar. Isso significaria levar o paradoxo até o exagero, pois então seria preciso admitir que a verdadeira motivação não consciente que conduzia as pessoas de Maio a fazer, era a ideia de que não há nada a fazer e de que nada deve ser feito. Mas a verdadeira questão é outra. Todos sabem – e é surpreendente que os autores de *La pensée 68* quase não tenham levado isso em conta – que os primeiros anúncios das primeiras diferentes mortes (do sujeito, do homem, do sentido ou da significação, da história, etc.) haviam sido lançados muito tempo antes de Maio de 68 pelos representantes de uma ideologia pseudocientífica, o estruturalismo: na ordem cronológica, Lévi-Strauss, Lacan, Barthes, Althusser. E, muito tempo antes de Maio de 68, o estruturalismo havia sido criticado, notadamente pelo autor

---

[116] Ver. *La psychanalyse: projet et élucidation*. In. *Topique*, nº19 (abril de 1977), retomado em *Les carrefours du labyrinthe*. Paris, Le Seuil, 1978.

destas linhas, tanto em seu conteúdo quanto em suas implica-
ções políticas[117]. Aqueles que viveram esse período podem tes-
temunhar que a militância no início dos anos 1960 em contato
com certos meios estudantis ou universitários parisienses implicava a tomada de posição contra o estruturalismo em geral
e Althusser em particular, o qual, aliás, como já foi dito, não
esperou muito para contra-atacar e declarar, desde 1964, que
os programas e as estruturas de ensino se encontravam, em sua
essência, fora da "luta de classes", isto é, da questão política. Os
outros autores da "Ideologia francesa" se situavam muito explicitamente (como Foucault) ou implicitamente no movimento
estruturalista. Todos haviam dito o que tinham a dizer (se é que
o tinham...) muito tempo antes de Maio de 68, e com bastante
"sucesso" (junto à intelligentsia parisiense e do ponto de vista
editorial) para que suas ideias tivessem tido tempo de exercer
uma "influência" sobre os atores. Ora, de tal influência não se
encontra nenhum sinal. Se olharmos, por exemplo, a introdução do livro de Daniel e Gabriel Cohn-Bendit, *Le Gauchisme*
(Paris, Le Seuil, 1978), o *Journal de la Commune étudiante*, de
Pierre Vidal-Naquet e Alain Schnapp (Paris, Le Seuil, 1969) ou
as diversas antologias de inscrições murais (por exemplo Julien
Bensançon, *Les murs ont la parole*. Tchou, junho de 1968), não
encontraremos o menor traço das "ideias" dos ideólogos (a não
ser, raramente, para serem ridicularizadas ou denunciadas). O
que aparece constantemente nesses escritos é a crítica da ordem
estabelecida, as célebres invocações da imaginação (pergunta-
mo-nos qual poderia ser sua relação com Foucault, Derrida,

---

[117] Ver "Marxisme et théorie révolutionnaire", nos números 39 e 40 de
Socialisme ou Barbarie (1965), retomado em *L'institution imaginaire de
la société*. Paris, Le Seuil, 1975. E, retrospectivamente, meu artigo, "Les
divertisseurs", publicado primeiramente em *Le Nouvel Observateur* e
retomado em *La Société française*.Paris, "10/18", 1979.

Bourdieu ou mesmo Lacan!), decerto as apologias da liberdade e da "fruição", mas, sobretudo, do socialismo e de uma nova ordem social.

Não podia ser de outra forma. Lacan, por exemplo, falava do des-ser (*dés-être*) antes e depois de 68. Tanto antes como depois, ninguém poderia pensar (salvo, talvez, alguns bravos universitários no *Middle West* americano) que ele era revolucionário ou mesmo individualista. Ele era claramente, estritamente e abertamente lacanário (*lacanaire*) e lacanista (*lacaniste*). Sua tese central sempre foi a de que a *esquizo* (a clivagem) do sujeito é o mesmo que alienação estrutural e, logo, insuperável. A questão central de qualquer atividade política, e presente durante Maio de 68, é a questão da instituição. Ela é cuidadosamente ocultada no lacanismo por meio das obscuras mistificações da "Lei" e do "simbólico", salientadas justamente para tornar impossível qualquer distinção entre um "valor de fato" e um "valor de direito", e, portanto interromper bruscamente o questionamento prévio a toda ação política. A esse respeito, é fácil ver que os outros autores discutidos por Ferry e Renaut dependem essencialmente de Lacan e que todos partilham com ele da mesma evasiva, ao mesmo tempo ardilosa e vulgar, à questão elementar: qual é então o estatuto de seu próprio discurso?

Ora, os "resultados" de Maio de 68 sobre esse microcosmo foram duplos e aparentemente paradoxais, para não dizer contraditórios. De um lado, o "estruturalismo" se dissolveu, ninguém ousa mais invocá-lo, e os mais hábeis, como Foucault, alegam que não mais o são e/ou que jamais o foram. De outro lado, esses mesmos autores (e seus diversos fanáticos seguidores, chefes de subclãs, etc.) foram rapidamente lançados a um grau de "sucesso" e notoriedade qualitativamente distinto. Para fixar as ideias, como se diz em matemática ou na linguagem simbólica, se antes de 68 os *Écrits* de Lacan venderam 30 mil exemplares, 300 mil serão vendidos depois. Isso certamente se deve à habilidade midiático-mercantil dos personagens em questão ou de seus empresários e à forte demanda do comércio atacadista de ideias, nacional e de exportação. Mas isso se deve também e sobretudo ao *fracasso* de Maio de 68 – e é aqui que se situa o engano colossal de Ferry e Renaut. O que os ideólogos fornecem com atraso é ao mesmo tempo uma legitimação dos *limites* (das limitações, em última análise: das fraquezas históricas) do movimento de Maio – vocês não tentaram tomar o poder e vocês tinham razão; vocês nem mesmo tentaram constituir contrapoderes e, mais uma vez, vocês tinham razão, pois quem diz contrapoder diz poder, etc. – e uma legitimação do recuo, da renúncia, do não engajamento ou do engajamento pontual e moderado: de todo modo, a História, o sujeito, a autonomia, não são mais do que mitos ocidentais. Esta legitimação será, aliás, rapidamente substituída pela canção dos "novos filósofos" a partir de meados dos anos 1970: a política visa ao todo, logo ela é totalitária, etc. (e ela explica também o seu sucesso). Antes de se recolher às "residências secundárias" e à vida privada, e *para* fazê-lo, as pessoas tiveram necessidade de um mínimo de justificação ideológica (nem todo mundo tem, infelizmente, a mesma admirável liberdade em relação a seus ditos e atos de ontem como uns e outros, por exemplo). É isso que os ideólogos continuavam a fornecer, em embalagens ligeiramente modificadas. É espantoso que Ferry e Renaut não tenham visto o perfeito acordo entre a ideologia da morte do sujeito, do homem, da verdade, da política, etc., e os estados de espírito, o humor, o *mood*, a *Stimmung* que se seguiu ao *fracasso* (o fracasso *bizarro*) de Maio e a *decomposição* do movimento. Houve, deveras, um certo número entre os mobilizados de

Maio que continuou a militar entre os trotskistas, os maoístas, etc. durante alguns meses ou anos. Em sua totalidade, eles nunca passaram de alguns milhares, e seu número declinou rapidamente após 1972. Para os demais, para as dezenas ou centenas de milhares de pessoas que atuaram em maio-junho, mas que não acreditavam mais em um movimento real, pessoas que queriam encontrar uma justificação ou legitimação tanto para o fracasso do movimento quanto de sua própria privatização incipiente, conservando, ao mesmo tempo, uma "sensibilidade radical", o niilismo dos ideólogos, que deram um jeito de pular no trem de uma vaga "subversão", convinha admiravelmente. O contrassenso de Ferry e Renaut é total: o "pensamento 68" é o pensamento anti-68, o pensamento que construiu seu sucesso de massa sobre as ruínas do movimento de 68 e em virtude de seu fracasso. Os ideólogos discutidos por Ferry e Renaut são ideólogos da impotência do homem diante de suas próprias criações; e é o sentimento de impotência, de desânimo, de cansaço que eles vieram legitimar após 68.

Quanto às filiações ideológicas dos movimentos de Maio de 68, caso possamos fornecer suas origens "concretas" e a questão apresente algum interesse, elas são retraçadas em detalhe por P. Vidal-Naquet e A. Schnapp no *Journal de la Commune Étudiante*, já citado, e adequadamente resumidas por Daniel e Gabriel Cohn-Bendit quando escrevem em *Le gauchisme* (pp. 18-19) que esse livro poderia ter sido substituído "por uma antologia de textos publicados em *Socialisme ou Barbarie, L'internationale situationniste, Informations et correspondance ouvrières, Noir et rouge, Recherches libertaires e, em menor grau, nas revistas trotskistas*".

O que Maio de 68 e os outros movimentos dos anos 1960 mostraram foi a persistência e o poder da busca de autonomia, traduzida ao mesmo tempo pela recusa do mundo capitalista-burocrático e pelas novas ideias e práticas inventadas ou propagadas por esses movimentos. Mas o que igualmente testemunharam foi a dimensão de *fracasso* até aqui aparentemente indissociável dos movimentos políticos modernos: imensa dificuldade em prolongar positivamente a crítica da ordem das coisas existentes, impossibilidade de assumir a busca de autonomia como autonomia simultaneamente individual e social, instaurando um autogoverno coletivo. (Daí, após a ruína do movimento, as múltiplas e multiplamente derrisórias derivas em direção às microburocracias trotskistas e maoístas, à liquefação maospontex[118] ou ao niilismo ideológico pseudo-"subversivo").

Mas esse fracasso está presente desde o início dos tempos modernos. São os oficiais trazendo finalmente à razão o exército dos *Roundheads* e Cromwell tornando-se Lorde Protetor. É a Nova Inglaterra caindo deste lado, em vez de seguir para o outro lado da linha jeffersoniana (a América de Tocqueville é uma sociedade ao mesmo tempo idealizada e finalizada). É a França recuando diante do prosseguimento da imensa obra iniciada

---

[118] N. de E.: Corrente política marxista de tendência libertária e/ou anarquista nascida na esteira de Maio de 68. O termo "maospontex" é um neologismo derivado de "maoísta" e "espontaneísta". O termo maoísta era reivindicado à medida que se considerava que o pensamento do líder chinês Mao Tsé-Tung e a "grande revolução cultural" por ele encabeçada constituíam uma etapa totalmente nova do marxismo, de modo a "superar na prática" o stalinismo e o "leninismo ossificado". O "espontaneísmo" – corrente duramente criticada por Lênin em *Que fazer?* – sustenta que o movimento revolucionário das massas pode e deve se desenvolver da forma mais espontânea possível, dispensando e mesmo rechaçando a passagem pelas organizações político-partidárias, administrativo-burocráticas, industriais-sindicais, o que implica igualmente a recusa a qualquer modelo de "vanguarda autoproclamada" da revolução. Em princípio de caráter antiautoritário e anti-hierárquico, são adeptos da ação direta e da incitação a revoltas como forma legítima de "luta contra o despotismo" e em favor da "revolução proletária". A formulação "spontex" alude igualmente, de modo depreciativo, à esponja de cozinha da marca francesa Spontex.

entre 1789 e 1792 – daí o campo livre deixado aos jacobinos, e depois o Terror. É a Rússia de 1917, na qual os bolcheviques se apropriam do poder à revelia da população e instauram o primeiro poder totalitário dos tempos modernos.

Esse fracasso, devemos recordar, apenas raramente é total. Na maioria das vezes esses movimentos levam à instituição formal de certos direitos, liberdades e garantias sob as quais vivemos ainda. Em outros casos, sem nada instituir no sentido formal, eles deixam traços profundos na mentalidade e na vida efetiva das sociedades: foi, sem dúvidas, o caso da Comuna de Paris de 1871, foi, certamente, como lembrei acima, o caso dos movimentos dos anos 1960.

Situação evidentemente relacionada ao caráter antinômico do imaginário político moderno. Esse imaginário é, de um lado, trabalhado pela busca da autonomia e de sua extensão sucessiva aos diferentes campos de instituição do social; de outro lado, ele não chega senão muito raramente a se liberar da representação da política – e da instituição – como feudo exclusivo do Estado e deste Estado (que continua ele próprio a encarnar, mesmo nas mais modernas sociedades, a figura de um poder de direito divino) como se não pertencesse senão a si mesmo. É assim que, na modernidade, a política como atividade coletiva (e não profissão especializada) só pôde estar presente até aqui como espasmo e paroxismo, acesso de febre, de entusiasmo e de raiva, reação aos excessos de um Poder sempre e simultaneamente hostil e inevitável, inimigo e fatalidade –, em suma, somente como "Revolução".

Pode-se considerar uma travessura mostrar que o "sentido" de Maio de 68 foi, em definitivo, a expansão das vendas de fitas de vídeo pornô. Talvez menos divertido, porém mais fecundo, seja ver em Maio e nos movimentos dos anos 1960 as enormes promessas que a época contemporânea contém virtualmente e a imensa dificuldade que experimenta a humanidade moderna em sair da idiotice, em se politizar, em chegar à conclusão de que se ocupar de seus negócios (coletivos) poderia ser seu estado habitual e normal.

A dissolução dos movimentos dos anos 1960 anunciou o começo da nova fase de regressão da vida política nas sociedades ocidentais, à qual assistimos há pelo menos quinze anos. Essa regressão vai de par com (é quase sinônimo de) um novo *round* de burocratização-privatização-midiatização, ao mesmo tempo em que, num vocabulário mais tradicional, está ligada a um forte retorno das tendências políticas autoritárias no regime liberal-oligárquico. Tem-se o direito de pensar que esses fenômenos são provisórios ou permanentes, que eles traduzem um momento particular da evolução da sociedade moderna ou são a expressão conjuntural de traços intransponíveis da sociedade humana. Mas não se pode esquecer que é graças a e por meio desse tipo de mobilização coletiva representada pelos movimentos dos anos 1960 que a história ocidental é o que é e que as sociedades ocidentais sedimentaram as instituições e as características que as tornam, bem ou mal, viáveis e que farão delas, talvez, o ponto de partida e o trampolim para outra coisa.

Esta é a única divisão importante: há aqueles que consideram – é o meu caso – que as margens de liberdade que o regime contemporâneo comporta não são mais do que subprodutos sedimentados há séculos por movimentos desse tipo; que sem esses movimentos o regime não somente jamais teria produzido essas liberdades, mas as teria, a cada vez, inexoravelmente cerceado (como está acontecendo agora); e que, enfim, a humanidade pode certamente fazer melhor. E há aqueles que pensam – eles raramente ousam dizê-lo, salvo evidentemente quando fazem parte da "direita", embora seus argumentos e raciocínios voltem-se para o mesmo ponto – que nós vivemos na forma enfim encontrada da sociedade política livre e justa (ainda que restem, certamente, algumas reformas a fazer). A discussão aqui não pode avançar; cada um deve fazer suas escolhas ou confirmar as já feitas.

Entretanto, mesmo se admitíssemos que estamos vivendo o fim de um período de embriaguez histórica, iniciado, pela segunda vez, há uns oito séculos nas primeiras comunas burguesas da Europa ocidental, o fim de um sonho de liberdade e autogoverno, de verdade e de responsabilidade; ainda que se admitisse que estamos hoje em condições de ver, com sentidos sóbrios, a forma enfim encontrada da sociedade política, a verdade definitiva da condição humana sob as formas de Pasqua e de Fabius, de Hernu e de Léotard, de *Playboy* e dos videoclipes, da filosofia pop e das mixórdias "pós-modernas"; ainda que fosse esse o caso, seria incongruente aí enxergar o "sentido" de 1776 e de 1789, de 1871, de 1917 e de Maio de 68, pois, mesmo nessa hipótese de pesadelo, esse sentido terá sido a tentativa de fazer existirem outras possibilidades da existência humana.

II.IV.
Releitura (1988)
por Claude Lefort

"A desordem nova" foi escrito às pressas, sob o impacto do acontecimento, assim como os outros ensaios de *A Brecha*. Esse texto traz a marca de uma paixão capaz de surpreender os leitores que venham a descobri-lo em nossos dias. Não a renego, mas julgo excessiva minha confiança no futuro. Será possível observar, ao menos, que não cedo nem à esperança, nem à expectativa de uma revolução da qual o movimento de Maio seria o anunciador. Ressalto que, naquela época, a audácia dos estudantes foi acompanhada de um realismo de um novo gênero. Essa afirmação se distingue da maioria dos comentários que não queriam reter da revolta nada mais do que o seu messianismo e o seu utopismo, quando não a criticavam por ter sido impotente em forjar para si uma disciplina e princípios. Se, na conclusão, lanço a hipótese de que "a revolução amadureceu" é porque considero que os elementos mais ativos que deram seu estilo ao movimento não buscaram afrontar o poder estabelecido para instaurar um outro poder, e que seu desejo de mudar a vida, por mais radical que fosse, não se alimentava do mito da "boa sociedade", de uma comunidade sem divergências nem conflitos.

&

A paixão foi amplamente compartilhada em 1968. Ela não poupou um homem como Raymond Aron, normalmente tão dedicado a lhe impor silêncio. Nós a sentimos ainda em sua *Révolution introuvable*[119], embora ele se esforçasse em conter os seus efeitos, após ter se restabelecido de suas primeiras exaltações. A verdade é que não se podia então dar sentido aos acontecimentos sem renunciar ao ponto de vista do observador. Acrescento: aqueles que, vinte anos mais tarde, se empenham em reduzir Maio ao seu alcance mais modesto, ou mesmo à insignificância, sem tentar tornar presente o passado, como o faria todo bom historiador, se privam do primeiro recurso da compreensão.

Talvez seja preciso relembrar pequenos fatos, de tanto que parecem recalcados (*refoulés*) nas análises mais recentes. Aquele que exercia uma função na Universidade, num liceu, num laboratório científico ou num serviço hospitalar, ou ainda em tantos outros lugares onde irrompeu a contestação, quando a sua autoridade ou a de seus colegas era questionada, não se via livre para separar a interpretação dos acontecimentos da de suas emoções. Sem dúvida, muitos recusaram interrogar-se; no entanto, foram atingidos numa parte de si mesmos que queriam ignorar. À época, dividindo meu tempo entre Paris e Caen, por vezes encontrei, em lugares igualmente agitados, homens calmos, mas jamais encontrei indiferentes. Bastavam algumas palavras trocadas para senti-los inflamados. Acontecia com frequência, por exemplo, que um professor fosse interpelado num anfiteatro por seus alunos. Ele se via intimado a prestar razão de seu ensino, a justificar as regras em vigor, o protocolo dos cursos e dos exames; ou, então, era um desconhecido que lhe cortava a palavra para pressionar o público a se juntar a uma assembleia ou a uma manifestação improvisada. Sentia nisso mais

---

[119] N. de T.: *La Révolution Introuvable. Réfléxions sur les événements de mai* (A Revolução Inencontrável. Reflexões sobre os acontecimentos de Maio, trad. livre). Paris: Fayard, 1968.

do que um ataque a convenções; a segurança de sua autoridade lhe era retirada e, contra a sua vontade, devia abandonar o seu papel para se tornar, seja como cúmplice, seja como adversário, o ator de uma aventura imprevisível. Ora, são pequenos fatos como esses, multiplicados, que indicam a característica primeira de Maio, e que, no presente, correm o risco de ser esquecidos pela [primazia da] lembrança das grandes discussões de ordem expressamente política e dos combates de rua.

Eis aí, dirão, o sinal da impotência para julgar no calor do momento. Nesse clima de excitação, como teria sido possível conservar a neutralidade e a objetividade necessárias à compreensão?

Mas seria preciso se perguntar o que a neutralidade recobre nas circunstâncias ordinárias. A vida numa democracia não deveria requerer, por princípio, o juízo de cada um? Não é um certo torpor que o impede de se exercer, que faz passar por naturais um modo tradicional de autoridade e um certo costume à obediência, e que rebaixa a opinião a questões secundárias? Em contrapartida, não é em circunstâncias extraordinárias que se revela a exigência de julgar, a exigência para cada um de ver aquele que está situado acima ou abaixo de si com um olhar livre, e de falar com uma voz franca?

Toda revolução tem isto de singular, de paradoxal: ela mobiliza as paixões a ponto de fazer com que alguns percam – seja qual for o seu campo – o senso da distinção entre o real e o imaginário, entre o possível e o impossível; e, de outro lado, ela libera, inclusive entre aqueles que antes não duvidavam de suas prerrogativas, mas sobretudo entre aqueles que estavam habituados a se submeter e a se calar, a vontade de se afirmar e de decidir entre o verdadeiro e o falso.

Há pouco eu negava que tenha se produzido uma revolução em 68 ou o início de uma revolução. Como, então, me valer dessa referência sem correr o risco de conferir um falso título a Maio? Contudo, não penso que a dificuldade de qualificar Maio possa nos impedir de esclarecê-lo pelos precedentes revolucionários, desde que não sejamos prisioneiros de uma definição. Repito-o: não houve revolução em 68 – e isso por uma primeira razão: a agitação esteve, no essencial, circunscrita ao mundo dos estudantes, ainda que, por seus efeitos, tenha afetado uma parte não negligenciável da população. Estudantes não poderiam fazer uma revolução; no máximo, podem suscitá-la. Naquela ocasião, uma parte muito pequena dentre eles acalentava esse projeto; a massa dos estudantes não pensava nisso. Além do mais, a simpatia, os próprios apoios de que se beneficiaram permaneceram moderados. Como se sabe, os operários e os empregados, uma vez mobilizados, formularam reivindicações limitadas, que não colocavam em perigo o poder de Estado. Os franceses, de modo geral, estavam divididos: uma parte deles desejava uma mudança de governo, não uma mudança de regime. Todavia, a efervescência que a sociedade experimentou por um momento – ainda que não tenha resultado, nem numa insurreição, nem numa guerra civil (direi até, para satisfazer aqueles que zombam dela, que não deixou nenhum resultado tangível ao seu término) – lembra, por certos traços, a efervescência revolucionária, aquela da Inglaterra em meados do século 17º, da América ou da França no 18º, da Rússia no 20º. Sem dúvida, essa efervescência é apenas um componente das revoluções, mas ela é bastante extraordinária para que se possa desinteressar-se dela. Durante um tempo mais ou menos longo, ela dá forma a uma democracia selvagem, cuja marca pode se perder, se perde sempre, mas que revela aspirações específicas do mundo moderno. Nas grandes revoluções que mencionamos, observamos sempre a convergência inesperada de reivindicações que mobilizam interesses e crenças heterogêneos, às vezes contraditórios; uma mistura explosiva de protestos suscitados tanto pelo arcaísmo dos costumes e das instituições quanto pela modernização cujos efeitos são considerados destruidores. Observamos sempre uma formidável liberação da palavra, a proliferação de panfletos, de discursos, de sermões, de *slogans* e, simultaneamente, o advento ou o repentino alargamento de um espaço público, no qual se encontram, dialogam intensamente homens que na véspera se ignoravam, seja porque fossem realmente estranhos uns aos outros, seja porque sua convivência num mesmo lugar de trabalho ou de vida antes os deixava indiferentes. E esse novo espaço, esse novo campo de debate é tal que indivíduos que não tinham nem competência, nem autoridade para falar ou agir improvisam, então, uma existência pública, procuram interlocutores que se tornam para eles algo como os substitutos de um destinatário universal e se empenham em legislar, seja em seu meio particular, seja em proveito de todos.

A suspensão das proibições, a transformação das convenções que atribuíam a cada qual um lugar e um papel determinados na sociedade, a irrupção de uma palavra outrora sob vigilância, a proliferação de iniciativas individuais ou coletivas assinalam, muito mais do que uma revolta – segundo a imagem tradicional da revolução –, uma espécie descompartimentação da sociedade, a abertura de uma brecha que assegura uma nova circulação dos indivíduos e um novo intercâmbio dos pensamentos. Eis uma das faces do fenômeno revolucionário. Não a ilumino para celebrar a democracia selvagem. Não ignoro o que esta tem de ambíguo, o perigo que acarreta deixar de ignorar as articulações simbólicas que comandam o vínculo com a realidade, a relação com o outro, a distinção dos registros do pensamento e da linguagem, qualquer que seja o sistema social. Em Maio de 68 encontro o sinal daquilo que se mostra a mim na revolução, de um lado, como inovação ou renovação, emergência de um novo espaço público, liberação, e, de outro, como confusão ou dissolução das referências fundamentais da vida social. Os que retêm de Maio de 68 apenas comportamentos e discursos burlescos, para ignorar o abalo salutar das convenções, que retomem o estudo das revoluções.

Sob o pretexto de que o acontecimento escapa à consciência dos atores, certos intérpretes são tentados a desdenhar suas paixões. Mas esqueças o entusiasmo, a exaltação, a desmedida, a conversão de indivíduos na véspera ainda pacíficos e mudos em partidários inflamados, e jamais te aproximarás do fato revolucionário, e, se não te aproximares dele, se não o *vires*, em vão buscarás compreendê-lo. Obstina-te em julgar sentimentos e atos extraordinários segundo as condutas ordinárias, e concluirás que foi um delírio ou, como se disse, um psicodrama coletivo. Em contrapartida, por pouco que consentires a ouvir o que se busca dizer num protesto confuso, mas resoluto, cuja audácia surpreende não apenas aqueles que são o seu alvo, mas, primeiramente, os seus próprios autores, se distinguires no *páthos* do momento argumentos que pensadores comumente respeitados haviam amplamente desenvolvido no espetáculo do crescimento de um poder social anônimo e da fragilidade das liberdades, então te perguntarás se Maio não foi um revelador, se não deu expressão a uma perturbação tão profunda quanto dissimulada da sociedade democrática.

Vejo reclamarem um tratamento científico do movimento de Maio, exigirem que detalhem suas causas e o meçam aos seus efeitos. As causas que se identificam me parecem, no mais das vezes, merecer um lugar na interpretação. Todavia, a singularidade do acontecimento corre o risco de se dissolver no curso da análise; é bastante tentador concluir que a História pudesse, do mesmo modo, fazer economia dessas causas. Tal tratamento não está reservado a Maio de 68; ele concerne a uma disposição geral do conhecimento. Retomemos nossos exemplos ilustres. É preciso lembrar que Tocqueville se dedicou tanto a restituir a continuidade da história da França, do Antigo Regime à Monarquia de Julho, que chegou a apresentar a Revolução [Francesa] como um desvio inútil e custoso, ainda que estivesse convencido de seu caráter extraordinário e de seu alcance universal? É preciso ainda lembrar quantos historiadores contestaram que se devesse nomear revolução os acontecimentos que abalaram (*bouleversé*) a Inglaterra nos anos 1640 ou a América na véspera e no dia seguinte de sua independência? Sem dúvida, o perigo contrário é buscar na revolução, aqui e acolá, o signo de um começo absoluto. Daí se põe em marcha o mecanismo da celebração, que se torna disputada por escolas rivais que tentam se apropriar da mensagem primordial. Tudo se passa como se, segundo as circunstâncias, em função das vantagens políticas que a interpretação fornece, os historiadores escolhessem celebrar ou enterrar o acontecimento.

No presente, é com mais frequência a cerimônia de sepultamento que se realiza em torno de Maio de 68. Vinte anos depois se comemora o *nada*. "Por que não o esquecimento?", perguntará um ingênuo. Sou tentado a responder: a insignificância de Maio deve fornecer a prova de que a sociedade na qual vivemos está fadada à vanidade. A moda intelectual não é sempre inventiva? Não é mais o momento da acusação do capitalismo, instruída pelo marxismo, nem o da acusação da sociedade de consumo, da cultura de massa e da manipulação midiática, instruída pela sociologia crítica. Esses temas são sempre explorados e, de fato, inesgotáveis, mas agora há algo de vulgar em falar a linguagem da condenação. Mais refinado é designar o reino da aparência, descrever, em vez de uma dissolução do social – o que deixaria supor que, em algum momento, ele tivesse tido consistência – o abandono de toda encenação do drama humano.

Particularmente sintomática é a interpretação de Maio por Lipovetsky: "revolução sem finalidade, sem programa, sem vítimas nem traidores, sem enquadramento político, Maio de 68, a despeito de sua utopia vivaz, permanece um movimento laxista e descontraído, a primeira revolução indiferente". Com toda evidência, o autor de *A Era do Vazio* tem em mente apenas um modelo de estruturação da sociedade, aquele que a ideologia marxista, tal como esposada pelos militantes comunistas, pretendia assegurar. Não há dúvida de que esses militantes tinham um objetivo: a instauração de uma sociedade plenamente racional; tinham um programa: a conquista do poder de Estado; obedeciam à disciplina de um partido; alimentavam sua imaginação da destruição do adversário de classe e da caça contínua aos traidores. Por ter rompido com essa ideologia, é então necessário que em 68 a "revolução" (deixo ao autor o uso do termo) tenha se tornado "indiferente"? E por que os jovens que se rebelavam contra o dogmatismo e o autoritarismo dos burocratas não tinham o gosto pelo sangue, é preciso concluir pelo seu laxismo?

&

Ancorado na tese de que a revolução democrática se confunde com o desencadeamento progressivo do individualismo – uma tese cuja paternidade ele imputa à Tocqueville, embora ela constitua somente uma das partes da interpretação desse autor – Lipovetsky não hesita em discernir, sob a aparência de aspirações comunitárias, um último arroubo do individualismo. Não há dúvida de que ele o reconheça em toda parte, tanto onde o espaço público é desertado quanto onde é invadido pelos indivíduos. Tocqueville distinguia na emergência do indivíduo dois efeitos: o isolamento que incitava o fechamento sobre si e a independência. Ele tinha uma sensibilidade sociológica bastante aguda para compreender que o isolamento era acompanhado de uma captação do indivíduo pela opinião comum; percebia muito bem a ligação que o individualismo e o conformismo mantinham. Talvez seu único erro tenha sido não discernir a diversidade dos modos de conformismo, de tão impactado que estava pelo desenvolvimento *de um poder social* capaz de nos moldar todos no mesmo molde. Mas, seguindo sua inspiração, Lipovestky certamente não teria deixado de redescobrir no intimismo e no narcisismo de nossos contemporâneos uma das manifestações do conformismo, e não a teria confundido com o senso de independência que parecia a Tocqueville igualmente consubstancial à vida democrática. Ora, o senso de independência aguça o desejo de pensar e de agir recusando as coerções julgadas arbitrárias. Esse senso de independência não está em contradição com o senso de comunidade. Quanto mais ele se difunde entre os homens, mais a sociedade se torna ativa, mais rico o debate público, mais vivo o tecido das relações entre os indivíduos e os grupos. Em suma, liberdades individuais e liberdades políticas sustentam-se umas às outras.

Do mesmo modo, querer resumir o movimento de Maio à oposição entre comunitarismo e individualismo, para concluir que um dissimulava o outro, é negligenciar o mais importante; é não compreender que a afirmação dos indivíduos enquanto indivíduos, que se revelava nas suas iniciativas e na sua recusa de se deixar sujeitar a regras arbitrárias ou de se deixar dirigir por revolucionários profissionais repetindo a mesma ladainha, essa afirmação era acompanhada da vontade de organizar um grande espaço público no qual pudessem ser dadas respostas a questões de interesse comum.

Meu ensaio tem um título um tanto provocador: "A desordem nova". A imagem da desordem suscita, com muita frequência, reprovação ou indignação. Como se sabe, ela foi habilmente explorada pela extrema direita e pelo fascismo, que condenavam sem trégua a licença, a inconsistência, a turbulência, as cisões (*déchirements*) da "sociedade burguesa" e se passaram pelos campeões de *uma ordem nova*. Eu então me apropriei dessa imagem para mostrar que o movimento de Maio não afrontava a ordem estabelecida para substituí-la por uma ordem melhor – que não se impõe senão pelo terror e por uma ideologia de ferro –, mas que reivindicava uma desordem no interior da sociedade, a permanência de uma contestação dos poderes estabelecidos, e que se importava bastante em afirmar e fazer reconhecer sua própria legitimidade. Sem dúvida, para uns poucos, essa contestação se aliava à esperança de uma transformação completa das instituições. Mas, o que me importava, me impressiona ainda, é que, retomando temas marxistas ou temas da sociologia crítica, os elementos mais inventivos os transformaram, decidindo atacar pessoas: aqueles que, aqui e acolá, e de preferência o mais próximo deles, asseguravam o funcionamento de uma instituição, eram seus agentes ou fiadores, mas também anônimos, encontrados na rua, aqueles que haviam adquirido o hábito de obedecer e de ajustar seus desejos às demandas de que eram objeto.

Não procuro avaliar o quanto de ingenuidade contém a transferência da crítica social a pessoas, nem o que ela comportava de equívoco, visto que, simultaneamente, sempre se perseguiam monstros abstratos: o Sistema, a Sociedade, o Poder. Apenas observo que, em 68, nascem uma nova linguagem e um novo estilo de ação. A referência aos grandes princípios não basta mais; com frequência, ela parece até mesmo suspeita. A teoria enquanto tal desperta uma desconfiança análoga à que inspira a disciplina do partido. Impõe-se a ideia de que é *aqui* e *agora*, frente aos outros – em situações que geralmente fazem parte de uma encenação – que se oferecem as oportunidades da ação. Daí a prática da interpelação, da provocação (que só raramente se transformou em perseguição), cujo objetivo é fazer aparecer o que o discurso convencional dissimula e, para além disso, a crença na ordem que o sustenta. Ora, foi justamente essa prática que tornou possível a propagação da contestação da autoridade de um meio a outro, da universidade ao liceu ou ao hospital, à empresa por vezes, à família por certo e até as igrejas.

Sobre o poder da palavra e o abalo da autoridade, os comentadores dissertaram muito. Mas não foram bastante atentos à mudança que surgia da inscrição dos conflitos de ideias no tecido das relações pessoais. Não vejo nisso tanto o signo da expansão do individualismo, mas, antes, uma exigência nova de trazer ao registro do sensível o que era do domínio da pura teoria. Ao que me parece, trazem a marca dessa exigência as mudanças que se produziram desde 68 nas relações entre mulheres e homens, pais e filhos, professores e alunos, assim como nos modos de luta contra o racismo que, em vez de se referirem a um princípio, fazem apelo à imagem do próximo, do "parceiro" (*"pote"*).

&

Relendo esse antigo ensaio, constato que ele peca por não ter melhor situado o movimento de Maio no quadro da sociedade democrática. Se não esteve na origem de uma revolução não é apenas porque foi, no essencial, um movimento de estudantes, como assinalei, é, antes de tudo, porque a democracia é esse regime no qual o conflito, por mais intenso que seja, encontra normalmente o seu lugar; esse regime que consente em se deixar estremecer, que não desarma a esperança da mudança; esse regime que não poderia – a menos que fosse destruído, não por uma revolução, mas por um movimento totalitário – se confundir nem com o sistema capitalista, nem com a dominação da burocracia, nem com o império da técnica, ainda que esteja inextricavelmente, tragicamente ligado a eles.

Há alguns anos, encontrei por acaso as lições dadas por Michelet no Collège de France em 1847[120]. Gaétan Picon havia reeditado o volume, maravilhado por descobrir uma linguagem tão próxima à de Maio. Sem dúvida, nem a ênfase de algumas fórmulas, nem o patriotismo do historiador teriam sido apreciados pelos estudantes de 68. Mas ele diz aos seus próprios alunos o que desejariam ter ouvido os alunos de 68. Pede-lhes que fujam do "círculo encantado" onde se pretende mantê-los;

---

[120] *L'Étudiant* [O Estudante], precedido por *Michelet et la parole historienne*, por Gaétan Picon, Le Seuil, 1970.

denuncia a intolerável divisão do trabalho na universidade, destinada a ajustá-los às necessidades do mundo adulto. Conclama a desconfiar da "grande máquina moderna" e combate os que desprezam "a ação da palavra". A seu ver, o estudante é por excelência aquele que ainda goza da faculdade de sentir e de querer: "muito em breve estará circunscrito, limitado pela especialização da profissão; será um médico, um advogado, um homem de negócios; hoje é um homem. Ainda se interessa pelos homens". Convida esse estudante a "fazer o que não fazem por ele": deve se dar uma "contraeducação". Picon, que reúne num belo prefácio as fórmulas de Michelet, acredita resumir da melhor maneira sua concepção da história em uma frase: "A ordem é o inimigo mais visível de Michelet". Lendo essas lições, eu me sentia em boa companhia.

PÓS-ESCRITOS

Ensaio Crítico
1968: Paris toma a palavra
Por Olgária Matos[121]

Paris é a "cidade-espelho" que devolveu, quase instantaneamente, reflexos em todas as capitais insurgentes que, em 1968, se surpreenderam com o movimento que interrompeu o tempo do trabalho e, entre maio e junho de 1968, paralisou todo o país. Da França à Tchecoslováquia, dos Estados Unidos ao Brasil, uma Internacional estudantil tomou o mundo[122]. Na França, dez milhões de operários transformaram uma manifestação estudantil – que, no início, criticava os procedimentos disciplinares dos Liceus[123] e empenhava-se na liberalização dos costumes

---

[121] Olgária Chain Feres Matos é professora sênior da Faculdade de Filosofia, Letras e Ciências Humanas da Universidade de São Paulo (FFLCH-USP). Filósofa, é autora de obras como *Os arcanos do inteiramente outro: A Escola de Frankfurt, a melancolia, a revolução* (Brasiliense, 1984), *Benjaminianas: Cultura Capitalista e Fetichismo contemporâneo* (Unesp, 2010) dentre outros.

[122] Há toda uma bibliografia dedicada ao estudo dos acontecimentos no âmbito do movimento operário e de suas instituições representativas, outra de obras que consideram os antecedentes próximos dos acontecimentos iniciados em Paris – como a luta contra a Guerra do Vietnã –, bem como estudos ligados ao colonialismo francês e às lutas de independência, como na Argélia; encontram-se também análises econômicas e culturais – Paris como a capital das barricadas desde pelo menos a Revolução francesa. Há ainda a questão de o Maio francês ter sido uma Revolta antiautoritária, e não uma Revolução, uma vez que não teve nem o projeto, tampouco como consequência, a transformação nas formas de propriedade e de exercício do poder. Cf.,em particular, Feenberg, A. *Questioning Technology*. Routledge, London/New York, 1999; ROSS, Kristin. *May'68 and its afterlives*, The University of Chicago Press, Chicago/London, 2002.

[123] Cf. O documentário sobre 68 *Mourir à trente ans*, de Romain Goupil,

na Universidade e na não separação entre moças e rapazes nos alojamentos universitários – em um "movimento revolucionário", ao se reunirem a ela nas ruas. O Maio francês não tinha um programa político, nem partidos de vanguarda, nem líderes no sentido tradicional de guias históricos. Nem Alain Geismar, Jacques Sauvageot ou Daniel Cohn-Bendit falaram em nome do movimento, nem o conduziram.

O Maio francês foi uma luta contra ser governado por "leis científicas", pelas "leis da economia" ou por "imperativos técnicos"; foi contra a ideia de progresso tecnológico cego: "Recusemos categoricamente a ideologia do Rendimento e do Progresso ou das pseudoforças do mesmo nome. Recusemos as ciladas do luxo e do 'necessário' – estas necessidades estereotipadas impostas a todos para que cada trabalhador trabalhe em nome das 'leis naturais' da economia [...]. O progresso será o que quisermos que ele seja"[124]. No que se refere ao trabalho, com a autogestão, o mês de maio expressava de maneira imediata os desejos de trabalhadores qualificados, aptos a dirigir as empresas em que trabalhavam: "trabalhadores de todas as profissões, não nos deixemos enganar. Não vamos confundir divisão técnica do trabalho e divisão hierarquizada das autoridades e dos poderes. A primeira é necessária, a segunda é supérflua e deve ser substituída por uma troca igualitária de nossa força de trabalho e de nossos serviços no interior de uma sociedade liberada"[125]. Ao colocar em primeiro plano a questão do tra-

---

realizado com filmes da época em 1982, sobre o cotidiano militante da extrema-esquerda nos liceus. Cf. também o filme *No Intenso Agora*, de João Moreira Salles, de 2017.

[124] *L'amnistie des yeux crevés* (Panfleto de 68).In: Feenberg. A. *Questioning Technology*. London/New York: Routledge, 1999, p. 26.

[125] Idem. Ibidem.

balho, os estudantes não recusavam o mundo intelectual, no qual a escola e a Universidade os formavam, mas o determinismo tecnológico, tão independentizado quanto os mecanismos econômicos e de mercado que, assim naturalizados, adquirem força própria, imunes à crítica e ao controle político. Lógica da reificação instrumental, os processos autonomizados e sem sujeito confiscam o pensamento. Por isso, lia-se em um grafite: "A obediência começa pela consciência e a consciência pela desobediência". Neste sentido, o 68 estudantil foi uma luta contra a adaptação tecnocrática à sociedade. Queriam modificar esse sistema, ao invés de fazê-lo funcionar.

Grafites, panfletos, palavras de ordem marcaram seu caráter inédito, o de uma tomada poética da cidade e da palavra. Palavra, antes de tudo, literária: "De todas as cidades", anotou Walter Benjamin, "não há nenhuma que se ligue mais intimamente ao livro que Paris. Se Giraudoux tem razão e se a maior sensação de liberdade humana é flanar ao longo de um rio, então a mais perfeita *flâneriee*, portanto, a mais prazerosa liberdade, ainda aqui conduz ao livro e livro adentro. Pois há séculos a hera das folhas eruditas se fixou nos cais do Sena: Paris é uma grande sala de leitura de uma biblioteca que atravessa o Sena"[126]. Não por acaso, Walter Benjamin a denominou "capital do mundo". *Flâneriee*, ócio, liberdade constituíram um princípio de realidade associado ao princípio de prazer, com a crítica da vida cotidiana, do trabalho alienado e seu princípio de rendimento, do automóvel que destrói as cidades e desapropria os habitantes de sua cidade, crítica aos programas televisivos e às mídias de consumo, à cultura convertida em mercadoria, crítica da má qua-

---

[126] Benjamin, Walter, *Paris, a Cidade no Espelho,* in *Rua de Mão Única*, [trad. Rubens Rodrigues Torres Filho e José Carlos Martins Barbosa]. São Paulo: Ed. Brasiliense, 2000, p. 195. Trad. modificada.

lidade da alimentação e do agronegócio especulativo, crítica da sociedade de massa anônima e do pensamento único, crítica da civilização técnica. Contrário a todo tipo de hegemonia, a livre circulação da palavra – literária, poética – abrangia novas razões da vida em comum. Não por acaso, Roland Barthes observou: "A palavra estudantil transbordou tão plenamente que, irradiando-se, foi e se inscreveu por todos os lados, que se teria algum direito em definir [...] a revolta universitária como uma *Tomada da Palavra*, (como se diz: *Tomada da Bastilha*)."[127]

"Segunda Revolução Francesa", "Comuna Estudantil", "Revolução Cultural", "Revolução traída", "Revolução fracassada", "Revolução difícil de ser encontrada (*introuvable*)", "Revolução utópica", "Maio de 68 não aconteceu", "Brecha"[128], são designações do Maio de 68 em Paris e na França, que indicam a dificuldade de sua compreensão no ano que "abalou o mundo". O Maio foi, nas palavras de Deleuze[129], um Acontecimento, uma excedência para além de todo cálculo: "Exagerar, eis a arma", dizia um grafite. O excesso, aqui, desestabiliza os lugares sociais, dispondo a situações inéditas, segundo regras inteiramente outras dos modos de vida e razões do estar juntos, revolucio-

---

[127] Barthes, R.*L'écriture de l'événement, Revue Communications*, n. 12, *Mai 1968. La prise de la parole*, année 1968, p. 109. Cf. Também Certeau, M. *Pour une nouvelle culture: prendre la parole, Études*, juin-juillet, 1968, pp. 29-42, em que se lê: «Em maio [de 1968] tomou-se a palavra como se tomou a Bastilha em 1789».

[128] Cf. Zancarini-Fournel, Michelle. *Le Moment 68: une histoire contestée.* Paris : Seuil, 2008 ; *De 1968 à aujourd´hui: portée et limites du mouvement social*, OMOS (*Oservatoire des mouvements de la société*, séance 2., disponível no site omos.site,free.fr; Premat, Christophe. *Mai 68, le choc des interpretations, Tissages*,n° 4, 2006 ; Feenberg, A. *Questioning Technology.* London/New York: Routledge, 1999; Ross, Kristin.*May'68 and its afterlives.* Chicago/London: The University of Chicago Press, 2002.

[129] Deleuze, Gilles & Guattari, Félix. *Mai 68 n´a pas eu lieu , Revue Chimères*, n° 64, 2007/2.

nando-os mais que ao modo de produção, os levantes criticando mais a alienação que a exploração. Como mutação em ato dos laços no cotidiano da vida e da cidade, em que "a ação foi irmã do sonho", o movimento foi imune ao mundo prosaico do "realismo político". Eis por que Foucault observa: "Nenhum desencantamento tem poder sobre eles; é por haver essas vozes [insurgentes] que o tempo humano não tem a figura de uma evolução, mas de uma história [...]; com eles uma subjetividade [...] se introduz na história, dando-lhe alento"[130].

Assim, a ideia inédita de "revolução" anunciou o caráter lírico e erótico do movimento que inscreveu nas paredes: "Faça amor e repita". "Gozar sem entraves, viver sem tempos mortos". "Camaradas, também se faz amor na Escola de Ciência Política, e não apenas em praias e bosques". E, lúdico, "desviou" a mensagem evangélica para o "amai-vos uns sobre os outros". Barthes salienta esta "palavra 'selvagem', fundada na 'invenção', indo naturalmente ao encontro de 'achados' da forma, as condensações retóricas, as alegrias da fórmula, em suma, a *felicidade da expressão* ('*é proibido proibir*', etc.); muito próxima da escritura, esta palavra (que impactou com tanta vivacidade a opinião) tomou logicamente a forma da *inscrição*; sua dimensão natural foi o muro, lugar fundamental da escrita [*écriture*] coletiva"[131].

Conjugando diferentes fenômenos, as análises sobre o Maio de 68 evocam a história das barricadas de Paris que, de 1789 a 1830, de 1848 a 1871, de 1936 a 1968, reúnem a pré e a pós-história da Revolução Russa de 1917, com suas esperanças políticas e decepções históricas. Em panfletos, cartazes, faixas, grafites, encontrava-se o jargão da luta de classes, dos "interesses da bur-

---

[130] Foucault, M. *Inutile se soulever?* [1979]. In: *Dits et Écrits*, 4 vol. Paris : Gallimard, 1994, vol. III, *texte* n. 269, pp. 790-794.

[131] Barthes, R. *L'écriture de l'événement, op. cit.*, p.109.

guesia", dos "agentes da exploração e da repressão dos trabalhadores", da solidariedade com os oprimidos – operários franceses, imigrados, camponeses do Larzac, minorias, as lutas feministas –, palavras de ordem por uma sociedade sem classes e um mundo sem exploradores nem explorados. E, internacionalista, suas premissas foram contra a guerra imperialista dos Estados Unidos no Vietnã, também se manifestando em 1967 contra a Guerra dos Seis Dias, em que Israel atacou o Egito. Porém, se a Revolução Russa foi acompanhada de cânticos belicosos que evocavam os sofrimentos proletários como "o sangue de nossos irmãos reclama vingança, nada mais deterá a cólera das massas", como no chamado do *Komintern*[132], se a Comuna de Paris foi *le Temps des Cérises*, das cerejeiras em flor, e, simultaneamente, dos mortíferos enfrentamentos com as forças do Estado, o Maio de 68 tinha a alegria de viver e as canções dos Beatles[133].

Como revolta geracional, a historiografia evoca a recente independência da Argélia em 1962 – cuja colonização pela França fora iniciada em 1830 –, depois de uma guerra e de seus traumatismos, em que se enfrentaram a violência do exército francês e a da Frente de Liberação Nacional (FLN) da Argélia. Além disso, a Segunda Guerra Mundial e o colaboracionismo do governo do presidente Pétain durante a ocupação nazista da França são considerados razões da revolta dos jovens com respeito aos pais, seus valores morais, políticos e comportamentais; a autoridade em geral foi contestada e também a do General De Gaulle, presidente da França à época, quem, nos anos de guerra, organizou a heroica Resistência Francesa con-

---

[132] *Komintern* – sigla alemã de *Kommunistische Internationale*, isto é, a Internacional Comunista, como era conhecida a Terceira Internacional Socialista (1919-1943).

[133] Cf. *Les Murs ont la parole*. Tchou éditeur, Paris, 2007.

tra os exércitos de Hitler. Também foi posta em questão a política partidária, suas perspectivas parlamentares de governo e de poder. Associados a essas questões, temas e referências a Marx, Lenin, Rosa Luxemburgo, Mao, Guevara fazem com que se identifique uma lógica militante no movimento estudantil. O Maio de 68 se liberava, no entanto, do fardo moral da Resistência, do comunismo, do stalinismo, da ditadura do proletariado e do apoio à União Soviética que pesava sobre os intelectuais desde a Segunda Guerra Mundial: "Nós temos uma esquerda pré-histórica"[134], lia-se em um grafite. E contra a ideia de violência revolucionária e os sofrimentos que ela implica: "A morte é necessariamente uma contrarrevolução"[135]. "A revolução com violência é uma revolução à maneira de papai" (*à la papa*). Maio de 68 inaugurava uma "nova esquerda", que não tinha tanto o gaullismo como objeto de crítica, mas antes o horizonte ideológico da velha esquerda – o Partido Comunista, o Socialista, os "sectarismos particularistas" dos grupos trotskistas, maoístas e anarquistas: "Todo poder abusa, e o poder absoluto abusa absolutamente"[136], lia-se nas paredes de Paris.

A revolução de 68 foi pela vida, não tendo nada em comum com as motivações do passado, afastando-se da tradição dos intelectuais franceses que se colocavam a serviço dos operários e do "povo", através do Partido Comunista. Mais próximo do satanismo baudelairiano que do comunismo de Marx, lia-se em um panfleto: "Não estou a serviço de ninguém, o povo se servirá do que ele quiser e por si mesmo"[137]. Assim, apesar da

---

[134] *Les Murs ont la parole, op cit.*

[135] Idem, *op cit.*

[136] Idem, *op cit.*

[137] Com efeito, em *Meu Coração a nu*, Baudelaire anotou: "Tornar-se um homem útil sempre me pareceu algo de muito detestável. 1848 divertiu-nos

linguagem engajada e da crítica da "universidade burguesa", de manifestos e grafites anarquistas como "só haverá liberdade no dia em que o último burguês for enforcado nas tripas do último padre"[138], a contestação logo superava questões universitárias e um certo marxismo para adotar objetivos universais, como a paz, a solidariedade, a liberdade. Por ocasião do mandado de extradição de Daniel Cohn-Bendit – o insubmisso estudante da Universidade de Nanterre que enfrentava a autoridade universitária –, sob pretexto de ser um "judeu alemão", o Maio de 68 afirmou: "Nós somos todos 'indesejáveis'"; e substituindo o "operários de todos os países, uni-vos", grafou nos muros das cidades: "Somos todos judeus alemães"[139], mais generoso, lúdico e cosmopolita, como também a máxima: "As fronteiras: que se danem"[140] (*Les frontières, on s'en fout*). Porque "a revolução não consiste em mostrar a vida às pessoas, mas em fazê-las viver"[141], o Maio elegeu um Eros desalienado, um princípio de prazer na vida cotidiana; no trabalho, valer-se da experiência e dos conhecimentos de cada um, democratizando a gestão e a tomada de decisões; o que produzir, em que ritmo e com quais instrumentos, seria um ato dos próprios trabalhadores, como realização de si e contra os objetivos da rentabilidade e das performances. Por isso, "a ação não deve ser uma reação, mas uma

---

porque todos arquitetávamos utopias como se fossem castelos no ar.1848 só foi encantador pelo excesso de seu ridículo. Robespierre só é respeitado por ter feito algumas belas frases. A Revolução, por meio do sacrifício, confirma a Superstição". Baudelaire, C. *Meu Coração a nu* [trad. Fernando Guerreiro]. In: *Poesia e Prosa*. Rio de Janeiro: Nova Aguilar, 1995, p. 527.

[138] Cf. *Les Murs ont la parole, op cit.*

[139] Idem, *op cit.*

[140] Idem, *op cit.*

[141] Debord, Guy. *Pour um jugement révolutionnaire de l´art* . In :*Oeuvres*. Paris: Gallimard, 2006, p. 561.

criação"[142]. Segundo Boris Groys, 68 reivindicou o trabalho não alienado, o trabalhar sem trabalhar, sem esforço, como o "trabalho divino". Toda revolução é a espera de um milagre, e 68 foi esse milagre[143]. Bandeiras vermelhas e anarquistas confundidas revelam o surgimento de uma esquerda liberada da sujeição ao mito da Revolução e à defesa da União Soviética, à ideia de tomada do poder, da violência revolucionária. Dada a importância das relações dos indivíduos com os objetos de consumo e a crítica a eles endereçada, o Maio "registrou" o grafite: "Objeto: esconda-se"[144].

Como Acontecimento, o Maio francês operou um *détournement* na ideia de Revolução, até então associada ao proletariado que, em luta, expropria o poder da burguesia tomando-o de assalto, como escrevia Marx sobre a Comuna de Paris, esse "assalto ao céu". Sem qualquer objetivo de tomada do poder, 68 foi o "momento laboétiano" da política francesa que criticou a centralidade do poder investido em um governante: "É uma infelicidade ter que suportar um chefe e estupidez ainda maior escolhê-los", lia-se em um grafite. Com efeito, em seu *Discurso da Servidão Voluntária*, La Boétie escreve:

> *Vistas bem as coisas, não há infelicidade maior do que estar sujeito a um chefe; nunca se pode confiar na bondade dele e só dele depende o ser mau quando assim lhe aprouver [...]. Mas o mais espantoso é sabermos que nem sequer é preciso combater um tirano, não é preciso defendermo-nos dele [...].*

---

[142] *Les murs ont la parole, op cit.*

[143] Groys, Boris. *De la Inmortalidad: cuatro conversaciones con Thomas Knoepfel* [Trad. Graciela Calderón]. Buenos Aires: Katz editores, 2008.

[144] Cf. *Les Murs ont la parole, op cit.*

Não é necessário tirar-lhe nada, basta que ninguém o apoie e ele desmoronará como um colosso"[145]. Porque a servidão é fruto da crença em um poder incorporado e separado da sociedade, porque ele é imaginário, basta não conferir ao soberano o poder com o qual ele pilha e oprime. Razão pela qual o Maio francês não tomou de assalto nenhum Palácio de Inverno nem a Assembleia Nacional, mas o teatro do Odeon: "Quando a assembleia do povo se torna um teatro burguês, o teatro burguês se torna assembleia do povo"[146]. Por isso, o Maio inscreveu nos muros da cidade: "Não tomem o poder, tomem a palavra"[147]. Com efeito, no *Discurso da Servidão Voluntária*, La Boétie escreve:

> *A natureza, ministra de Deus e governante dos homens, fez-nos todos da mesma forma e, ao que parece, na mesma fôrma; ela nos outorgou a todos o grande dom da voz e da palavra [...] para [...] estreitar e apertar tão forte o nó de nossa aliança e sociedade; em todas as coisas mostrou que ela não queria fazer-nos todos unidos mas todos uns para que nos entreconhecêssemos todos como companheiros, ou melhor, como irmãos.*[148]

Ao todos "Um" da política tradicional e sua busca de hegemonia, o "todos uns" recusa os conceitos abstratos de classe, povo, nação e Estado, pois a sociedade contém a multiplicidade das vontades e a universalidade do bem comum. Não lutar pelo poder nem contra ele, foi reconhecer que o poder é um "lugar vazio", desincorporado e inapropriável, aberto à inde-

---

[145] La Boétie, E. *Discurso da Servidão Voluntária* [trad. Laymert Garcia dos Santos]. São Paulo: Brasiliense,1981, p. 10.

[146] Cf. *Les Murs ont la parole, op. cit.*

[147] Cf.*Les Murs ont la parole, op cit.*

[148] La Boétie, E. *Discurso da Servidão Voluntária*, op. cit., p. 9-10.

terminação[149]. Como todo acontecimento inédito, ele é único e irrepetível. Por isso, o Maio de 68, "inaugurou e encerrou um gênero". Perdura como enigma, sempre aberto a interpretações que mudam a consciência de um tempo que será capaz de transformar o mundo.

---

[149] Cf. Lefort, Claude. *A Invenção Democrática: os limites da dominação totalitária* [trad. Isabel Loureiro]. Belo Horizonte: Autêntica, 2011.

Posfácio
Maio 68: signo histórico
Por Irene Cardoso[150]

O acontecimento Maio 68 se constitui como signo histórico por interromper uma dada historicidade. Pela sua irrupção, revela uma diferença histórica constitutiva de uma questão. Como signo histórico, configura-se, portanto, como um dos acontecimentos fundamentais do mundo contemporâneo.

É possível identificar alguns dos traços que o constituem: no seu caráter internacional e de simultaneidade ao longo do ano 1968, em momentos e contextos históricos diversos dos países onde irrompeu, Maio 68 condensa e concentra uma pluralidade de significações políticas e culturais; no fato das irrupções terem sido caracterizadas por um tempo efêmero entre a abertura do acontecimento e o seu fechamento; no fato de, a esse fechamento, seguir-se a normalização da sociedade e da política; no fato de que a irrupção do acontecimento, na sua diversidade de contextos históricos ter tido a característica comum de contestação e luta contra o poder estabelecido; no fato do caráter enigmático da questão que está subjacente a esses traços, Maio 68 torna-se um "acontecimento esfinge", como disse Morin em 1978.

Sem a pretensão de esgotar a relação dos eventos ocorridos em vários contextos e em diversos lugares ao longo do ano de

---

[150] Irene de Arruda Ribeiro Cardoso é professora livre-docente de Sociologia da Faculdade de Filosofia, Letras e Ciências Humanas da Universidade de São Paulo (FFLCH-USP). Socióloga, é autora de *Para Uma Crítica Do Presente* (São Paulo: Editora 34).

1968, pode-se dizer que estes são momentos históricos constituintes do acontecimento Maio 68. Ele está presente em janeiro, na invasão da universidade de Madrid pela polícia. Em fevereiro, nas passeatas estudantis e manifestações de protesto contra a censura nos teatros no Brasil. Em março, no fechamento da Universidade de Roma; no assassinato de um estudante pela polícia, o qual foi seguido da ocupação da Assembleia Legislativa pelos estudantes e a suspensão de espetáculos nos teatros; no enterro do estudante e na passeata de sessenta mil pessoas no Brasil; nos dez mil manifestantes em Londres contra a Guerra do Vietnã. Em abril, nas passeatas em protesto contra o aniversário do golpe militar de 1964 no Brasil; no assassinato de Martin Luther King nos Estados Unidos, seguido pelas revoltas de protesto dos negros com manifestações que reúnem quarenta mil pessoas; nas manifestações contra a Guerra do Vietnã nos Estados Unidos em vários momentos do ano; no atentado contra Rudi Dutschke, líder da Liga dos Estudantes Socialistas Alemães, SDS, seguido de manifestações estudantis em várias cidades com dois mortos, duzentos feridos e mil presos; nas manifestações de estudantes e operários em Osasco, São Paulo, e na greve dos metalúrgicos em Contagem, Minas Gerais, quando quinze mil operários paralisam o trabalho por nove dias, no Brasil.

Maio 68 está presente, ainda, no ato público na Praça da Sé, em comemoração ao Dia Internacional do Trabalho, dia 1º de maio, no Brasil, marcado pelo apedrejamento do governador do Estado de São Paulo e pela destruição do palanque das autoridades; mais de vinte mil operários e estudantes, intelectuais e artistas que contestavam a ditadura saindo em seguida em passeata.

O Maio 68 no Brasil ocorre sob uma ditadura que se instalou em 1964, interrompendo um momento histórico de caráter democrático, e vai assumindo posições cada vez mais repressivas ao longo do ano de 1968, culminando no Ato Institucional n°5, que consolida a ditadura. Além da presença de organizações paramilitares agindo contra um forte movimento estudantil em defesa da Universidade e contra a ditadura, tem início a montagem do aparelho repressivo que tem a institucionalização da tortura como núcleo do controle político. Em 1968, ainda, as grandes manifestações estudantis vão perdendo lugar em virtude do aparato repressivo e surgem as primeiras ações da luta armada que seguirão nos anos posteriores. Essas características do ano de 1968, no Brasil, diferem muito da irrupção do acontecimento em sociedades democráticas, só se aproximando das situações das sociedades do socialismo do Leste Europeu, em especial da experiência que irrompe na Tchecoslováquia, a Primavera de Praga, uma abertura de caráter mais democrático, no início de abril de 1968, reprimida violentamente pelas tropas do Pacto de Varsóvia (União Soviética, Hungria, Alemanha Oriental, Bulgária, Polônia) que ocupam o país, em agosto de 1968, com a liderança da União Soviética. Breve interlúdio entre abertura e fechamento.

O Maio 68 francês tem início em fins de março, com a prisão de estudantes em Nanterre e a fundação do Movimento do 22 de março. Conflitos em abril levam ao fechamento de Nanterre. Em maio a polícia invade a Sorbonne após um grande ato contra o autoritarismo do governo. O movimento estudantil se generaliza com manifestações para além de Paris, culminando na ocupação das universidades. Começam as greves operárias, atingindo uma paralisação de algo em torno de nove milhões de grevistas. O governo fica paralisado, os funcionários públicos aderem à greve. No final de maio, começo de junho, inicia-se a recomposição do governo. Nesse breve intervalo entre a irrupção e o fechamento do acontecimento, o poder foi efetivamente colocado em xeque, seguindo-se a normalização da sociedade e, principalmente, das instituições. O maio francês foi caracterizado pela abrangência – movimento estudantil, greves operárias, artistas, intelectuais –, pelo fator surpresa de uma irrupção de enorme dimensão numa sociedade de estabilidade democrática. Possivelmente a ressonância internacional que provocou, como nenhum outro acontecimento do ano de 1968, tenha registrado e fixado simbolicamente o nome Maio 68 que passou a designar retrospectivamente outros acontecimentos do mesmo ano em outros contextos históricos e lugares.

A partir de junho do ano 1968 se intensificam os eventos repressivos de caráter preventivo ou contrário a manifestações de contestação do poder institucional em vários lugares: a Universidade de Roma é ocupada pela polícia; conflitos estudantis com intervenção policial em várias cidades da Itália; conflitos estudantis na Iugoslávia; conflitos estudantis na Tunísia; assassinato do senador Robert Kennedy, envolvido politicamente com a defesa dos direitos civis, nos Estados Unidos; conflito entre estudantes e policiais no Uruguai, com a decretação de Lei Marcial; a chamada "sexta-feira sangrenta" no Brasil, com cerca de mil presos, diversos feridos e mortos; a imensa manifestação das cem mil pessoas no Brasil, quando as formas de protesto em massa ainda ocorriam apesar da repressão policial; novamente invadida a Universidade de Brasília pela polícia (em abril de 1964, logo após o golpe militar, a Universidade fora invadida pela polícia militar e tropas do Exército, provocando a destituição dos seus cargos diretivos, uma intervenção federal – o início da sua destruição); a ocupação pelo movimento estudantil, com a participação de alguns professores, do prédio da Faculdade de Filosofia da Universidade de São Paulo, após grande manifestação (as passeatas), que se mantém até outubro do mesmo ano, quando é atacada por forças paramilitares (o *Comando de Caça aos Comunistas – CCC*) e forças da Polícia Militar, sendo incendiada e destruída. Essas forças paramilitares atacaram com violência desmedida teatros cujas peças tinham algum conteúdo crítico à ditadura, chegando a ações de sequestro dos atores. Também atentados à bomba a editoras, configurando uma repressão na área da cultura de um modo geral.

Começam a ter visibilidade, já em junho de 1968, ações da luta armada que terão sequência ao longo do ano e se intensificarão nos anos seguintes. Em junho, ações da Vanguarda Popular Revolucionária (VPR) de expropriação de armas do Hospital Militar e lançamento de carro-bomba contra ao QG do II Exército em São Paulo. Em outubro, o "justiçamento" do capitão do exército americano Charles Chandler por uma das organizações da luta armada. No mesmo momento, a polícia ataca o XXX Congresso da União Nacional dos Estudantes (UNE) prendendo setecentos estudantes e liquidando o movimento estudantil, em São Paulo. Um outubro sombrio também no México, com o Massacre na Praça das Três Culturas, deixando centenas de mortos e mil e quinhentos presos, que finaliza um processo de lutas estudantis[151].

A reconstrução desses eventos do ano de 1968 teve como fio condutor uma característica comum: a de serem marcados pelo traço da contestação e da luta contra o poder estabelecido, apesar da diversidade de lugares e contextos históricos. A ênfase no

---

[151] As informações que constam desta exposição procuram acompanhar alguns dos eventos do ano de 1968 que considerei significativos. Foram retiradas do livro *68 – A paixão de uma utopia*, de Daniel Aarão Reis Filho e Pedro de Moraes. (Rio de Janeiro: Editora Espaço e Tempo, 1988), e da cronologia que serviu de base para os textos sobre 68, de minha autoria, que compõem o livro *Para uma crítica do presente* (São Paulo: Editora 34, 2001).

caráter político não pretende obscurecer as questões culturais que surgiram, muitas vezes misturadas ao cotidiano das manifestações políticas, tomando forma mais expressiva nos anos 1970. A questão da desordem da família, a questão da relação homem-mulher, a questão da liberação sexual, a nova relação entre o adulto e o jovem, o protagonismo da juventude, a relação professor-aluno, a questão da subjetividade, experiências de autogestão e cogestão. Heranças de 68 que foram lentamente assimiladas, processo de assimilação que, além de ser seletivo, obscureceu o caráter complexo e contraditório de 68: o seu caráter internacional, a simultaneidade da contestação ou da luta contra a ordem e o poder estabelecidos, as novas questões que foram colocadas nos vários âmbitos da vida, "mudar a vida".

O tempo efêmero dos acontecimentos foi caracterizado por fechamentos marcados pela violência em graus diversos. O processo de normalização que se segue na sociedade e na política recoloca a questão da ordem de modos diferentes nos diversos contextos históricos. A ordem passa a ser mantida por aparatos repressivos nas sociedades caracterizadas por ditaduras, através da negação mesma do passado recente ou pela diluição dos aspectos não digeríveis que irromperam em 68, em especial a sua complexidade.

Esse processo de normalização da sociedade e da política busca construir uma identidade do acontecimento 68, dissolvendo essa complexidade. Os movimentos de negação do passado, de simplificação do passado e de fixação no passado produzem o recalque de 68 por meio da destemporalização desse passado e do acontecimento. Em 1988, vinte anos depois, Morin, ao se perguntar sobre o efeito mais importante de Maio de 68, afirmou que foi o "recalque de Maio de 68".

Esse processo de normalização prossegue pela via das comemorações de 68. O evento retorna de dez em dez anos: 1978, 1988, 1998, 2008, 2018, em intervalos regulares de tempo. 68 retorna do passado como evento comemorativo, para, em seguida, se dissolver no tempo presente. As comemorações nas sociedades atuais são cada vez mais realizadas pelo poder da mídia. O vazio social da História e da memória é preenchido pelo retorno do acontecimento pela mídia que faz dele informação nivelada a outras informações quaisquer por meio do mecanismo da descontextualização.

1978 – os dez anos de 68 foram marcados por comemorações discretas nos países onde irrompeu: ou o esquecimento do acontecimento, como diluição na memória, pela própria dimensão inercial do tempo (o tempo da normalização, da reconstrução da ordem), ou a imposição mesma pela força do esquecimento (característica dos regimes políticos ditatoriais). No Brasil, 68 foi caracterizado pelo silêncio, ou foi objeto de uma contra-comemoração: "Maio de 68: a primavera do nada", manchete do suplemento especial do jornal O *Estado de São Paulo*.

No Maio de 68, cinquenta anos depois, essas tendências da via das comemorações estão cada vez mais acentuadas. Hoje, a possibilidade da construção da memória histórica do acontecimento 68 precisa se defrontar com os efeitos que o poder midiático vem provocando nas leituras do acontecimento. Ao invés do silêncio do primeiro decênio pós 68, o excesso midiático da descontextualização das informações. A tendência que surge nas discussões atuais (ainda como exceção) em alguns lugares (na França recentemente) de transformar Maio de 68 em data oficial. Como se o que foi recusado e silenciado há cinquenta anos pudesse ressurgir institucionalizado.

Maio 68, como signo histórico, é a expressão da complexidade do acontecimento e de seu tempo histórico. Embora efêmero, caracterizou a interrupção de uma historicidade nos diversos lugares onde irrompeu. Entre a abertura, com a sua irrupção, e o fechamento, o acontecimento surge como questionamento de uma ordem que pôde ser vista e experimentada, não como identidade fechada de sentido, mas dividida por sentidos, ou seja, histórica.

SOBRE OS AUTORES

Cornelius Castoriadis
Constantinopla, 11 de março de 1922 – Paris, 26 de dezembro de 1997.

Pensador de origem grega, Castoriadis afirma-se inicialmente como um jovem militante revolucionário e realiza, ainda em Atenas, estudos nas áreas de direito, economia e filosofia. Em 1945 radica-se na França, onde elabora sua tese de doutorado em filosofia e dá início a um percurso intelectual marcado pelo diálogo entre filosofia, psicanálise e economia. Sua obra favoreceu a renovação do pensamento marxista no século XX, realizou uma crítica pioneira do comunismo soviético sem deixar de visar o capitalismo ocidental e se voltou para uma reflexão renovada sobre a democracia radical e a autonomia. Castoriadis militou no Partido Comunista Internacionalista (PCI), de orientação trotskista, ao lado de Claude Lefort, com quem formou uma tendência oposicionista que levaria à ruptura com o PCI e à formação do grupo *Socialismo ou Barbárie* em 1949. De sua ampla produção, se destacam obras como *A instituição imaginária da sociedade*, *As encruzilhadas do labirinto* (vários tomos) e *A sociedade burocrática.*

Claude Lefort
(Paris, 21 de março de 1924 – Paris, 3 de outubro de 2010).

Marcado pelo estilo filosófico de Merleau-Ponty, seu professor e amigo, Lefort se posiciona desde o início de sua trajetória contra as expressões do marxismo dogmático e elabora, no fim dos anos 1940, uma crítica *à esquerda* da União Soviética, do Partido Comunista e do fenômeno burocrático. Da meditação sobre a experiência totalitária, aliada à imersão nos autores clássicos (Maquiavel, La Boétie, Tocqueville, etc.), Lefort buscou extrair subsídios teóricos para repensar profundamente a natureza da democracia moderna, a partir dos anos 1970. Concebida por ele como forma de sociedade fundada na divisão e trabalhada pelos conflitos, a democracia é único regime capaz de se abrir à transformação do campo da legitimidade e à criação ininterrupta de direitos. Lefort lecionou na Sorbonne, em Caen, na Universidade de São Paulo e na *École des Hautes Études en Sciences Sociales*, além de colaborar em diversas revistas como *Les temps modernes, Socialisme ou Barbarie, Esprit, Libre*, etc. Suas obras mais destacadas são *A invenção democrática: os limites da dominação totalitária, O trabalho da obra: Maquiavel* e *Pensando o político: ensaios sobre democracia, revolução e liberdade.*

Edgar Morin, nascido Edgar Nahoum
(Paris, 8 de julho de 1921).

Filósofo e sociólogo, diretor de pesquisa emérito do *Centre National de Recherche Scientifique* (Centro Nacional de Pesquisa Científica). Doutor honoris causa em mais de trinta universidades pelo mundo, Edgar Morin soube fornecer com precisão uma análise rente aos acontecimentos de Maio de 68, caracterizando-os como uma expressão momentânea que partiu da juventude estudantil e trouxe à luz aspirações profundas do ser humano por mais liberdade pessoal e comunidade fraternal. Morin tem uma ampla formação, transita em várias áreas do saber, como filosofia, sociologia, história e epistemologia, e fornece contribuições importantes a todas elas: no campo da pedagogia e da epistemologia, em particular, é reconhecido por ter elaborado a noção de pensamento complexo. Aos quase cem anos, Morin continua a tomar posições políticas frente a causas ambientais e humanitárias mundo afora. De sua produção, destacam-se *O método* (6 volumes), *Introdução ao pensamento complexo* e *Os setes saberes necessários para a educação do futuro.*

Marx além de marx

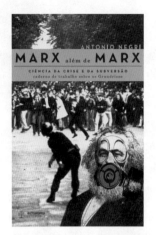

Produto das conferências ministradas na Paris de 1978 pelo filósofo italiano Antonio Negri – a convite de outro gigante, o pensador francês Louis Althusser –, este texto já nasceu iconoclasta. Forjado no calor das lutas pós-68, Marx além de Marx lança, de uma forma ousada e coesa, um novo olhar sobre o pensamento marxista: não é apenas livro sobre a revolução, mas sim uma obra revolucionária. A partir da leitura atenta feita por Negri, encontramos um outro Marx, nas possibilidades colocadas nos Grundrisse antes – e muito além – do objetivismo de O Capital. O marxismo, portanto, aparece como ciência da crise e da subversão, potente e incapturável pelas garras do sistema, nem que este seja as forças de restauração do (absurdo) marxismo de Estado. Esta obra continua atualíssima, pois não pretende impor o que seria o "verdadeiro" Marx, ao contrário, seu objetivo é apresentar ao leitor o método de leitura do próprio pensador alemão: não apenas uma ferramenta para entender as transformações inerentes à história. No Brasil atual, no qual a Crise se apresenta como acidente histórico e catástrofe incontornável – que nada mais são, a bem da verdade, que a própria realidade do regime do capital –, Marx além de Marx se torna uma leitura urgente: um projeto de renovação e revolução constantes diante da estática do poder, do pragmatismo implacável ou do radicalismo estéril.

As verdades nômades

Lançamento conjunto da Autonomia Literária com a Politeia, este livro marca o encontro de dois expoentes do pensamento e da prática política das últimas décadas. Félix Guattari, filósofo ligado ao pós-estruturalismo francês e incansável agitador político presente em diversas iniciativas ao redor da Europa, da Primavera de Praga até os movimentos ecológicos, passando por maio de 68. Antonio Negri, filósofo ligado ao operarismo italiano e militante de primeira ordem junto às lutas operárias e aos grupos italianos da esquerda extraparlamentar. Ante a derrota dos movimentos de criação e contestação política dos anos 1960 e o enfraquecimento do saber revolucionário, este livro mostra as possibilidades de renovação do pensamento e das práticas políticas e forja assim um discurso de esperança. Aqui, o leitor brasileiro poderá conferir os importantíssimos acertos desse discurso, base da retomada de um projeto filosófico-político que se prolongará em obras como Império, Multidão e Bem-estar comum.

Negri no Trópico

Negri no Trópico 23° 26' 14" é uma obra absolutamente multitudinária: uma animada multidão de editoras e autores reunidos para fazer jus, e celebrar, Toni Negri, o filósofo e militante revolucionário italiano que não apenas dá nome à obra como, ainda, assina artigos fundamentais. No livro, Negri expõe itens centrais de seu pensamento em entrevistas dadas a intelectuais, artistas e ativistas — os quais também assinam outros artigos virtuosismos sobre o legado autonomista no contexto de sua visita-evento ao Brasil nos fins de 2016. Esta obra consiste em um documento filosófico histórico indispensável, no qual pontos chave das reflexões negrianas — como os conceitos de Império, Multidão e Comum, Trabalho Imaterial e Capitalismo Cognitivo — são abordadas num alegre encontro com os movimentos em São Paulo, desde velhos integrantes da resistência à ditadura até os jovens militantes secundaristas, passando por ambientalistas. Em momento de luto e luta no Brasil, o encontro do velho marxista autonomista com esses movimentos gera um feliz resultado. Um alegre trópico.

Marx além de marx

O empreendimento de Jean Tible é ousado e original. Como promover um encontro entre a teoria marxiana, tendo em conta sua filosofia da história, com os povos ditos selvagens, que não se resignam ao triste papel de resíduos arcaicos de um processo histórico destinado ao "progresso"? O presente trabalho não é lho não é um exercício de especulação teórica, mas responde a um contexto preciso em que etnias indígenas da América Latina assumem um protagonismo geopolítico, obrigando a esquerda tradicional do continente a rever seus dogmas sobre o estatuto da produção, do desenvolvimento, do próprio Estado. Ao traçar uma ponte entre a sociedade sem Estado vislumbrada por Marx e a sociedade contra o Estado de Clastres, o autor dá sua tacada inicial, contrarrestando a subordinação da categoria de selvagens aos clichês da dialética histórica. Em um suplementar, relativiza a dicotomia entre Marx e o perspectivismo ameríndio, extraindo um devir-índio no autor de O Capital. Não se trata de uma mascarada filosófica, tal como o fez Deleuze ao pincelar um Hegel filosoficamente barbudo e um Marx imberbe, na esteira do bigode da Gioconda, mas sim de uma aposta política.

Este livro foi publicado com o apoio da Fundação Perseu Abramo. Instituída pelo Diretório Nacional do Partido dos Trabalhadores em maio de 1996.

Diretoria

Presidente

Marcio Pochmann

Diretoras

Isabel dos Anjos e Rosana Ramos

Diretores

Artur Henrique e Joaquim Soriano

Editora da Fundação Perseu Abramo

Coordenação editorial

Rogério Chaves

Assistente editorial

Raquel Maria da CostaFundação

Perseu Abramo
Rua Francisco Cruz, 234 Vila Mariana
04117-091 São Paulo – SP
www.fpabramo.org.br
11 5571 4299

Este livro, publicado no âmbito do Programa de Apoio à Publicação 2018 Carlos Drummond de Andrade do Instituto Francês do Brasil, contou com o apoio do Ministério francês da Europa e das Relações Exteriores.

Cet ouvrage, publié dans le cadre du Programme d'Aide à la Publication 2018 Carlos Drummond de Andrade de l'Institut Français du Brésil, bénéficie du soutien du Ministère de l'Europe et des Affaires étrangères

© Autonomia Literária para a presente edição.
© Librairie Arthème Fayard, 2008.

Conselho Editorial

Cauê Ameni, Hugo Albuquerque & Manuela Beloni

Tradução e Organização:

Anderson Lima da Silva & Martha Coletto Costa

Edição e Revisão de texto:

Hugo Albuquerque

Preparação de texto:

Lígia Magalhães Marinho

Capa:

Fabrício Lima & Cauê Seignemartin Ameni

Diagramação:

Manuela Beloni

Fotografias de Fotos Arena, Wikimedia Commons

Editora Autonomia Literária
Rua Conselheiro Ramalho, 945
São Paulo - SP CEP: 01325-001
www.autonomialiteraria.com.br

Dados Internacionais de Catalogação na Publicação (CIP) de acordo com ISBD

L494m   Lefort, Claude

           Maio de 68: a brecha / Claude Lefort, Cornelius Castoriadis, Edgar Morin; organizado e traduzido por Anderson Lima da Silva, Martha Coletto Costa. - São Paulo : Autonomia Literária, 2018.
           288 p. : il. ; 14cm x 21cm.

           Tradução de: mai 68 la breche
           Inclui índice.
           ISBN: 978-85-69536-21-5

           1. História. 2. França. 3. Maio de 68. I. Castoriadis, Cornelius. II. Morin, Edgar. III. Silva, Anderson Lima da. IV. Costa, Martha Coletto. V. Título.

                                                  CDD 944.083
2018-431   CDU 94(44)"1968"

Elaborado por Vagner Rodolfo da Silva - CRB-8/9410

Índice para catálogo sistemático
1. História da Franca : 1968 944.083
2. História da Franca : 1968 94(44)"1968"

Fontes: Minion Pro & Source Sans Pro
Papel Avena 80 g/m^2
Impressão Graphium